Jasmin und Oliven

Mein Leben in Damaskus,
Syrien in den 1970er Jahren

Gisela Darrah

1

Die Namen der Personen in meiner Familie habe ich mit Rücksicht auf ihre Privatsphäre geändert.

Dieses Buch ist eine überarbeitete Fassung von "Jasmin und Oliven", von Monika Haddad (Pseudonym), erschienen im IKO-Verlag 2004 und von „Jasmin und Oliven" von Gisela Darrah, erschienen 2010 bei BoD.

Die Kurzgeschichten „Um Hassans Geheimnisse", „Wir sind alle Geschwister", „Baschira", „König der Höfe", „Das Mulid", „Ramadan im Scha´ar", „Ein typischer Freitag" sind einige Jahre später entstanden als die Geschichte meiner Eingewöhnung in die arabische Großfamilie.

Herstellung und Verlag:
BoD - Books on Demand, Norderstedt
ISBN 978-3-8391-8828-6

Inhaltsverzeichnis

Kurzgeschichten:

Vorwort

Jetzt lebe ich in einer Kleinstadt in der Pfalz. Deutschland hat sich in den letzten Jahren sehr verändert. Menschen vieler Nationalitäten und Sprachen leben hier, Dönerläden, türkische Klingeltöne auf Handys und Kopftuchfrauen sind alltäglich. Syrien ist in den Nachrichten, weil ein Bürgerkrieg im Land herrscht, Flüchtlinge sind in vielen Ländern der Welt angekommen.

Ich möchte Ihnen jetzt meine Geschichte erzählen aus einer Zeit, als alles ganz anders war. Viele in meiner Heimatstadt in Deutschland wussten nicht einmal, wo Syrien liegt, verwechselten es oft mit Zypern.

Damals studierte ich in Karlsruhe und lernte einen Syrer kennen. Wir verliebten uns und wanderten zusammen nach Kanada aus, heirateten und bekamen drei Kinder. Und eines Tages setzte mein Mann sich in den Kopf, mit seinem Bruder zusammen aus der damaszener Schmiede seines Vaters ein modernes Geschäft zu machen. Und hier beginnt die Geschichte.

Ich möchte das Leben in einer arabischen Großfamilie beschreiben, so wie ich es erlebt habe. Deshalb lade ich Sie jetzt ein, einer jungen Frau nach Damaskus zu folgen, die - es gab kein Internet, keine Handys, kein Skype, kein elektronisches Wörterbuch - in ein unbekanntes Land zog und damit kämpfte, die Welt um sich herum zu verstehen und kennenzulernen.

Des weiteren enthält der Band sieben Kurzgeschichten, die auch das Leben im Syrien der damaligen Zeit beschreiben.

Ich hoffe von ganzem Herzen, dass die Menschen in Syrien in der Zukunft wieder ein normales Leben führen und Frieden finden können.

Steinplatten als Regal

Soeben war ich mit meinem Mann und unseren drei Kindern am Flughafen in Damaskus angekommen. Der Lautsprecher meldete auf Englisch: 12. Juni 1977, 21 Uhr, 32 Grad Celsius.

Inmitten der Menschenmenge und dem für mich fremden, unverständlichen Stimmengewirr erwartete uns Hishams Familie. Einige Kinder waren an den Gitterstäben hochgeklettert, die die Wartenden von den Ankommen trennten, um uns als erste zu sehen. Dann waren wir endlich draußen und wurden herzlich mit "*Ahleen u sahleen!*" begrüßt, seid gegrüßt und gesegnet.

Hisham hatte vor, hier in seiner Heimatstadt eine neue berufliche Zukunft zu suchen, nachdem er in Deutschland fünf Jahre studiert und zehn Jahre in Kanada gelebt hatte. Wir hatten uns in Deutschland während des Studiums kennen gelernt, waren zusammen ausgewandert und hatten dann in Toronto geheiratet. Dort wurden auch unsere Kinder geboren. Wir hinterließen ein typisch kanadisches Vorstadthaus mit Garten und vollautomatischer Küche.

Meine Schwiegereltern hatten seit Jahren ein Haus in einem Vorort von Damaskus bereitgehalten und die ganze Familie freute sich nun, dass ihr lange vermisster Sohn heimgekehrt war. Unsere eigenen Gefühle waren gemischt. Alles hier war neu für mich und ich fand es sehr wagemutig, auf dieses Abenteuer einzugehen.

In unserem Haus war fast alles aus Stein. Der Fußboden: Steinplatten. Die Wände: verputzte Mauersteine. Der Balkon und sein Geländer: Beton und Steinplatten. Küchenregale und Spülstein: Marmor. Der kleine Hof: Steinplatten und

Beton. Einen Keller besaß das Haus nicht, wie alle Häuser in Damaskus. Als Abstellplätze dienten das Dach, der Balkon und der Hof. Die Hälfte der Küche war mit einer Zwischendecke versehen, so entstand ein Vorratsraum für Lebensmittel, zu dem die Hausfrau über eine grobgezimmerte Holzleiter hinaufsteigen konnte. So waren die Vorräte vor Mäusen sicher.

Das Geschirr stand offen in Steinregalen, die Familie hatte uns das Nötigste bereitgestellt.

Auf dem Flachdach des Hauses standen drei große Blechfässer: das Warmwassersystem für den Sommer. Die heiße, südländische Sonne erwärmt das Wasser auf über 30 Grad in den Fässern, von hier aus fließt es durch Leitungen zu den Waschbecken. Noch zwei weitere Fässer standen auf dem Dach, sie enthielten *Masot*, Heizöl. Es floss ebenfalls in Leitungen durch das Haus, und man konnte aus Messinghähnen Öl für den Ofen oder den Dreifußkocher erhalten.

Da mir das niemand erklärt hatte, musste ich es durch Erfahrung lernen. Ich versuchte, mir die Hände unter dem *Masot*-Hahn zu waschen und da kam mir das Wasser recht dick vor.

Sowohl im Haus als auch draußen umgab mich eine fremdartige Welt. Das meiste, was ich um mich herum sah und erlebte, konnte ich als Europäerin noch nicht verstehen und schon gar nicht beurteilen. Die deutschen Ehefrauen, oder auch die russischen, jugoslawischen oder polnischen, die ihre Männer beim Studium kennen gelernt hatten, wissen, dass man in den ersten Wochen wie im Traum wandelt. Ich musste mich beinahe kneifen, um festzustellen, ob ich wirklich wach war und das alles mit eigenen Augen sah und miterlebte.

Der allererste Schritt zum Verstehen dieser neuen Welt muss sein, alle mitgebrachten Vorstellungen zwar nicht zu vergessen, doch wenigstens beiseite zu schieben, um das Neue aufnehmen zu können. Würde es mir gelingen, diese Stadt für mich und meine Familie zur Heimat werden zu lassen? Meine älteste Tochter war sieben, mein Sohn drei Jahre alt, das Baby erst sechs Monate. Bisher waren es wohlbehütete, an Komfort gewöhnte Kinder.

Ich sah mich weiter um. Hinter den Dächern erhob sich der Berg Kassiun, felsig, kahl und eindrucksvoll, ohne Bewaldung. Die Häuser schienen am Berg empor zu kriechen. Unten gab es fruchtbaren Boden für Ackerbau, Olivenhaine, Obstbäume und Schafweiden. Da durfte die Stadt sich nicht ausdehnen. Sie musste in die Wüste hinaus und am Berg hinaufwachsen.

Der Vorort, in dem wir wohnten, stand erst seit etwa fünf Jahren und wurde für Zuwanderer vom Land und Flüchtlinge aus den Golanhöhen gebaut. Es war kein Villenviertel, kein Diplomatenviertel. Ein Haus wie unseres wurde meistens von mehreren Familien bewohnt. Wie Reihenhäuser miteinander verbunden, glich doch keins dem anderen. Jeder Hausbesitzer hatte seine eigene Vorstellung davon, was schön und was wichtig war. Der eine vergrößerte den Garten, um Obstbäume zu pflanzen oder eine Weinlaube anzulegen, der andere baute ein Zimmer oder eine Werkstatt in den Garten hinaus, der dritte legte Wert auf einen großen Balkon zur Straße hin, damit die Frauen abends nach getaner Arbeit draußen sitzen und hinaussehen konnten, ohne selbst gesehen zu werden.

Wenn eine traditionell orientierte Frau auf den Balkon oder ans offene Fenster geht, bedeckt sie schnell den Kopf. Das führte manchmal zu Szenen, die ich lustig fand, wenn die Frau eben mal ihr Staubtuch ausschütteln wollte und sich das nächste greifbare Objekt, zum Beispiel ein Handtuch oder ein Kleidungsstück aufsetzte oder umwickelte.

Vom Dach aus konnte ich nach hinten in die ummauerten Gärten und Höfe von acht Nachbarhäusern blicken. Begeistert rief ich nach Hisham, musste aber erfahren, dass es sich nicht gehört, dass ein Mann vom Dach aus die Höfe betrachtet. Daran hatte ich nicht gedacht! Alle Nachbarinnen waren unverschleiert zu sehen. Da wurde gewaschen, Gemüse geputzt und gekocht. Der Dreifußkocher verursacht viel Ruß, deshalb benützte man ihn gern im Freien. Fast jede Hausarbeit konnte im Hof verrichtet werden. Teppiche waschen, mit der Nähmaschine nähen, Wäsche bügeln, Kräuter trocknen und vieles mehr. Der *Schnene*, wie der Hof oder Garten auf damaszenisch heißt, ist einer der wichtigsten Orte, sowohl für die Arbeit als auch für die Geselligkeit. Dazu dient er noch als Abstellfläche, sodass man oft auf wenigen Quadratmetern ein wahrhaft buntes Leben vor sich hatte: Pflanzen wie Geranien, Zitronenmelisse, Weinranken, Aprikosenbäumchen, stark duftender Jasmin, daneben eine Tonne mit gärenden Oliven, Knoblauch und Zwiebeln, zum Trocknen aufgehängt, Fahrräder, Kinderwagen, Stühle ...

Auf Decken oder Matratzen saßen Frauen, die große Mengen von Gemüse schälten, putzten oder füllten. Mein Ausblick vom Dach zeigte mir eine lebhafte Welt der häuslichen Tätigkeiten, Radioklänge mit arabischer Musik ertönten, viele Kinder waren überall zu sehen. Ein einfacheres Leben als ich es gewöhnt war spielte sich hier ab, teilweise bunter und malerischer, aber auch viel härter.

Die nächsten Wochen waren mit Beobachtungen, Irrtümern und Fehlern ausgefüllt. Alle westlichen Länder erschienen mir als eine kulturelle Einheit, so groß die Unterschiede auch sein mögen, im Vergleich zur orientalischen Lebensweise.

Wo bei uns Konventionen herrschen, fand ich Freiheit, doch leider galt dies auch umgekehrt. Höflichkeitsregeln und Verpflichtungen bestimmten das Familien- und das Geschäftsleben. Niemand schien Anspruch auf Privatsphäre zu haben, auf Alleinsein. Besucher wurden zu jeder Zeit willkommen geheißen. Wenn eine Nachbarin vorüberging und einige Worte mit meiner Schwägerin Asma wechselte, wurde sie sofort mit "Bitte schön, komm doch herein!" aufgefordert, das Haus zu betreten. Keine Tätigkeit schien so wichtig zu sein, dass man sie zum Anlass nehmen könnte, unhöflich zu sein.

Verwandte küssten sich zur Begrüßung ausgiebig und nach patriarchischer Rangordnung. Zuerst der Großvater, dann die Großmutter, dann der Vater, usw. Wie lange verstand ich diese Regeln nicht! Doch galten Europäer als unhöflich und unwissend, und keiner wunderte sich über meine Unbeholfenheit. Man küsste sich nicht schon auf der Straße, sondern wartete, bis die Verwandten im Hausflur waren, bevor man sich freudestahlend auf sie stürzte! Ein Kuss auf die linke Wange, drei laute Küsse auf die rechte, noch einen auf die linke, so ungefähr war der Ablauf. Kinder, Enkel und Schwiegerkinder küssten den Eltern und Großeltern die Hand und berührten sie mit der Stirn, was Respekt und Ergebenheit symbolisiert.

Gastfreundschaft und Bewirtung spielten eine große Rolle im sozialen Leben. Als ich einen Teil der Famile zum Essen einlud, die Eltern und drei von Hishams sieben Geschwistern mit ihren Familien, kochte ich vier Kilo Rindergulasch, fünf Kilo Reis, drei Hühner in Tomatensoße mit Erbsen und Kartoffeln, Salat, davor eine Suppe. Es wurde alles gegessen. Wir beschlossen, dass vorerst keine weiteren Essenseinladungen folgen sollten, bevor der berufliche Aufstieg und das Einkommen gesichert waren. Wir konnten es uns einfach nicht leisten. Abendbesuche bei Tee, Nüssen und Obst sollten genügen. Die Großfamilie hatte so viele Mitglieder und alle waren mit so großem Appetit ausgestattet, ich musste erst lernen, preiswerte einheimische Gerichte zu kochen.

Hier stelle ich die Familie einmal vor: Hishams ältester Bruder Karim und seine Frau Asma hatten fünf Kinder. Zwei Schwestern meines Mannes wohnten mit ihren Familien im Ausland, nämlich in Kuweit und Saudi-Arabien, nur im Sommer kamen sie während der dreimonatigen Schulferien nach Damaskus.

Miriam, die älteste Schwester, wohnte nicht weit vom Haus der Eltern entfernt und kam täglich mit ihren beiden Kindern zur Mutter, um zu helfen, nachdem sie ihre eigene Hausarbeit erledigt hatte. Die Schwester Mira, etwas älter als Hisham, wohnte mit ihrem Mann und ihren sieben Kindern in einem Vorort am anderen Ende der Stadt. Der jüngste Bruder Marwan war als einziger noch nicht verheiratet und wohnte zu Hause bei den Eltern. Das waren also zunächst 36 enge Verwandte, dazu kam ein Vielfaches an Onkeln, Tanten, Großtanten, Cousins und Cousinen, dazu Nachbarn, Freunde und Geschäftspartner, außerdem die Verwandschaft der Schwägerin, Ich war ziemlich verwirrt von all den Menschen, die mich nun kennen lernen wollten.

Meine Schwägerin Asma, die im Nebenhaus wohnte, war eine hübsche Frau mit sehr heller Haut, worauf sie besonders stolz war, kurzem Haar, freundlichen Gesichtszügen, und für arabische Verhältnisse war sie schlank. Die arabischen Verhältnisse orientierten sich daran, dass die Durchschnittsfrau mit etwa 35 Jahren fünf bis zehn Kinder geboren hat und dann natürlich einen mehr fraulichen Typ darstellt, der durchaus als schön gilt. Asma war genau dieser Typ, und sie war sich auch dessen bewusst. Würdevoll und selbstbewusst zeigte sie sich, natürlich mit

Kopftuch, vom Balkon aus oder beim Einkaufen.

Das Einkaufen der Lebensmittel war allerdings meist die Aufgabe der Männer und Buben; nur wegen Kleidung, Schuhen oder Haushaltswaren fuhr sie gelegentlich in die Stadt. Zu Familienfesten, wenn Männer und Frauen in getrennten Räumen waren, zeigte sie sich gut geschminkt und elegant angezogen. Im Alltag bei der Hausarbeit trug sie einfache, lange Hauskleider. Ein großer Ehrgeiz trieb sie an, ich spürte, dass unter den Nachbarinnen starke Konkurrenz bestand. Die Aluminiumtöpfe und -pfannen zum Beispiel, die man zum Trocknen auf das Fensterbrett legte, sollten blankgescheuert und glänzend sein. Die Wäsche wurde so lange gekocht, bis sie wirklich absolut weiß war, die Speisen wurden gut gewürzt. Wenn ein Gericht besonders gut gelungen war, schickte man ein Kind mit Kostproben zu den Freundinnen. Auf diese Weise war immer ein Austausch da; von mir zum Beispiel hat die Nachbarschaft die Bratkartoffeln und die Pfannkuchen schätzen gelernt, ich übernahm zunächst die gefüllten Zucchini und die grünen Bohnen in Tomatensoße.

Asma half mir stets freundlich mit allen meinen Problemen, soweit die Verständigung es erlaubte. Ich spürte bei ihr und den Nachbarinnen, dass wir uns gegenseitig beobachteten. Genau wie ich dachte: "Wie sind orientalische Frauen nun eigentlich wirklich?" schienen sie zu denken: "Was sind das wohl für fremdartige Wesen in Deutschland?"

Nun musste ich so schnell wie möglich Arabisch lernen! Die Schwierigkeiten begannen bei den Schriftzeichen. Die arabische Schrift, von rechts nach links gelesen, erschien mir wie eine Kurzschrift. Die Vokale unterscheiden die Wortbedeutung, die Konsonanten kennzeichnen den Wortstamm. Da die kurzen Vokale nicht geschrieben werden, sondern nur die langen, sind die Wörter nicht zu lesen, wenn man nicht schon die Sprache perfekt beherrscht. So konnte mir die Schrift beim Lernen keine Hilfe bieten, es hatte aber auch keinen Sinn, Arabisch in lateinischen Buchstaben zu schreiben, weil es viele Laute in unserem Alphabet nicht gibt. Schon die gebräuchlichsten Namen wie "Ahmed" und "Mohamed" enthalten mehrere uns unbekannte Laute, daher können wir sie gar nicht korrekt schreiben und aussprechen.

Bis ich die Sprache beherrschte, schien mir die Zeichensprache Ersatz zu bieten. Doch Vorsicht! Hochheben des Kopfes und wieder senken bedeutet "nein", während Kopfschütteln eine Frage bedeutet oder "Ich weiß nicht.", Schnalzen mit der Zunge und gleichzeitiges Heben der Augenbrauen bedeutet ebenfalls "nein". Dazu ein Beispiel. Hisham kam vom geplanten Großeinkauf im staatlichen Geschäft zurück, völlig entmutigt.

Fast jeder verlangte Artikel war mit Zungenschnalzen beantwortet worden, weder zu einem Wort noch einer Bewegung hatten sich die Angestellten bemüht.

"Habt ihr Butter?" - T

"Käse?" - T

"Milchpulver?" - T

Das frustrierte!

Drehen der gespreizten rechten Hand mehrmals nach rechts und links bedeutet eine Frage, meistens "Wie viel?" oder "Was ist los?". Wenn man beim Einkauf auf eine Ware deutet und diese Bewegung macht und dabei noch etwas das Kinn hebt, bekommt man als Antwort, was sie kostet.

Nun wollte ich also Gemüse kaufen. Es gab keine Preisschilder, ich musste fragen. Da konnte es schon sein, dass der Händler mir einen höheren Preis nannte, weil ich Ausländerin war. Ich kannte mich nicht aus und würde es nicht merken. Ich musste aufpassen, vergleichen, herunterhandeln. Für die Damaszener ist Handeln ein Sport, ein Beweis von Charakterstärke, eine Gelegenheit für Späße. Frauen bot es die Möglichkeit, sich auf ehrenhafte Weise mit Männern zu unterhalten.

Eines Tages beobachtete ich eine Nachbarin und einen Bauern beim Handeln um einen Sack Kartoffeln. Ich stand an der Haustür und sah diesem Schauspiel zu. Die Hausfrau schilderte ihre Finanzlage, der Bauer seine eigene Situation und warum er die Kartoffeln auf gar keinen Fall unter einem bestimmten Preis verkaufen könnte. Alle Argumente und Gegenargumente wurden dargelegt, danach kam die Handlung: Die Käuferin drehte sich zur Seite, als betrete sie ihr Haus, der Bauer trieb unter lautem Zurufen seinen Esel etwa zehn Meter weiter. Es schien kein Geschäft zustande zu kommen. Würde einer der beiden nachgeben?

In diesem Fall gab der Bauer nach und nahm den gebotenen Preis. Die Hausfrau konnte zufrieden sein. Heute Abend würde sie Freunden und Verwandten von ihrem Sieg erzählen. Ein anders Mal würde es umgekehrt sein.

Ich begriff, dass diese stetige Übung im Streitgespräch, die schon in der Kindheit begann und sich das ganze Leben fortsetzte, den Charakter der Menschen mit prägte. Die Lebensbedingungen in diesem Klima sind hart, härter als bei uns, und es gehört viel Willenskraft dazu, sie zu meistern.

Ich bemühte mich, die Kunst des Handelns zu erlernen; hier ging es um mein Ansehen in der Nachbarschaft, ich wollte nicht länger als die Ausländerin betrachtet werden, die jeden Preis bezahlt. Die Brot- und Fleischpreise waren staatlich festgelegt, da brauchte man nicht zu handeln.

Das arabische Fladenbrot gehört zu jeder Mahlzeit, es ist das Grundnahrungsmittel, außerdem das Essbesteck. Man kann von den Fladen Stücke abbrechen und es wie eine Schaufel benützen. Für feste Speisen formt man es zu einer Art Zange. In den Haushalten gibt es zwar Löffel, Gabeln und Messer, aber das Brot als Besteck, das mitgegessen wird, ist so praktisch, dass es nicht zu verdrängen ist. Beim Picknick kann das Fladenbrot als Telller sowie Essbesteck dienen und dann mitgegessen werden. Sandwiches werden bestrichen und belegt und dann aufgerollt.

Beim täglichen Brotholen kaufen große Familien etwa vier Kilo; eine sechsköpfige, also kleine, Familie etwa zwei Kilo. Das Brot wird restlos verwertet. Getrocknet kann man es für verschiedene Gerichte verwenden, zum Beispiel *Fattusch*, Brotsalat.

In der Bäckerei, oder besser gesagt in der staatlichen Brotfabrik, hing ein Bild an der Wand: ein Stück Brot und ein Glas Wasser; das waren hier wirklich die Grundnahrungsmittel.

Schon morgens vor Schulbeginn standen die Kinder vor dem Bäcker Schlange. Die Bevölkerung war durch Zuwanderung so stark gewachsen, dass die Brotproduktion nicht mehr mitkam. Noch warm vom Backen, wurde es sofort verkauft, auch bei den privaten Bäckern wurden die Fladen, sobald sie kühl genug zum Anfassen waren, abgezählt und weggetragen, auf dem Kopf, in der Hand, auf dem Fahrrad, so strömte das kostbare Brot dreimal täglich durch die ganze Stadt.

Beim Metzger hingen die ganzen Schafe oder große Stücke vom Rind an Eisenhaken direkt neben der Straße. Der Metzger schnitt dem Kunden die gewünschte Menge ab und bereitete es zu: als Hackfleisch wurde es durch den Fleischwolf gedreht oder in "Vogelkopfgröße" von Hand gehackt, mit mehr oder weniger Fett, ja nach Geldbeutel. Einfache Leute kauften ein *Wiije* (1/3 Pfund), zur Hälfte weiß, von Hand gehackt, für etwa 0,70 €. Damit konnten sie ein Gemüsegericht für zehn Personen kochen.

Ich dagegen wurde mit "Madame" angesprochen und kam mir reich vor, weil ich ein Pfund rotes, mageres Rindfleisch verlangte. Dabei musste ich mich zusammennehmen und gegen Übelkeit kämpfen. Blut floss auf den Steinboden, der kleine Sohn des Metzgers hackte Zwiebeln, bis allen im Laden die Tränen kamen, Fliegen surrten, Geld und Fleisch gingen durch die gleiche Hand. So konnte ich mich einerseits glücklich schätzen, dass ich im Vergleich zu den anderen Nachbarn fast wohlhabend war, doch ein Vergleich mit dem früheren Lebensstandard war überhaupt nicht möglich. Ich war im Zwiespalt der Gefühle: Die Menschen um mich herum hatten ihr Auskommen, keiner hungerte, doch sie mussten für ihren Lebensunterhalt hart kämpfen. Die Verschwendung in Europa und Amerika erschien mir absurd, und trotzdem sehnte ich mich im Inneren nach meinem bequemen Leben mit Fertiggerichten und Spülmaschinen zurück.

Noch ein anderes Problem beschäftigte mich täglich aufs Neue: der Staub. Mein erster Eindruck vom Haus war "sehr staubig". Ich dachte aber daran, dass es lange Zeit unbewohnt gewesen war und dass es bald schön sauber aussehen würde. Wir deutschen Hausfrauen sind ja so gründlich. Ich werde es den Orientalen mal zeigen, wie alles blitzen kann!

Dann erfuhr ich, dass die Verwandten das Haus gerade gestern geputzt hatten und dass es, schlicht und einfach, jeden Morgen wieder so staubig aussehen würde!

Diese Erkenntnis traf mich wie ein Schlag.

Wenn es windig war, konnte ich morgens die Treppe putzen und nachmittags lag der Staub wieder dick darauf. Wie kam er ins Haus? Die Hitze erforderte, dass nach allen Richtungen Luft zirkulierte. Überall gab es Luken, undichte Fenster, offene Balkone, der Flur zum zweiten Stock war nicht überdacht. Vielleicht war die Bauweise noch vom Zelt her beeinflusst, vom Leben im Freien. Jedenfalls mussten wir die Wohnräume jeden Tag vor Gebrauch von Staub befreien Die guten Hausfrauen spülten zweimal am Tag die Flure und wischten die Stuben, morgens und nachmittags. Ich begann die Frauenfrage mit neuen Augen zu sehen. Die Frauen waren nicht in der Lage, berufstätig zu sein, denn sie waren mehr als ausgelastet. Sie erbrachten große Leistungen. Kaum konnte ich mir vorstellen, auch mit allen meinen Kräften alle Arbeiten zu bewältigen. Es gehörte auch Organisationstalent dazu, sich alles im Tageslauf, im Lauf der Woche und im Ablauf des Jahres einzuteilen, so wie es in Europa früher auch war. Nur dass ich in Damaskus lebendig vor Augen hatte, wie der Arbeitstag der Frauen aussah, die alles selbst machten. Die Frage, warum Frauen in den Künsten, in der Philosophie, in den Wissenschaften weniger Anteil hatten, beantwortete sich von selbst. Es ist ein Unterschied, ob man sich vorstellt, wie das Leben der Frauen früher aussah, oder ob man es selbst miterlebt und leisten muss.

Die Hitze drang, wie der Staub, überall ein, der Sommer nahm seinen Lauf. Juli und August, die heißesten Monate, lagen vor uns. Die metallene Haustür wurde tagsüber so heiß, dass man sich die Finger verbrennen konnte, wenn man sie anfasste. Die Temperatur draußen war über 40 Grad. Im Garten konnte man sich tagsüber nicht mehr aufhalten, nur am frühen Morgen oder am späten Abend. Ich fühlte mich träge und lethargisch. Die Treppe zum zweiten Stock hinaufzusteigen erschien mir wie eine unmenschliche

Anstrengung. Ich musste jedoch meine Kinder versorgen. Pflichtgefühl war das Einzige, was ich zu empfinden fähig war. Manchmal stand ich nachts gegen zwei oder drei Uhr auf und setzte mich in den Hof, um die kühlere Nachtluft zu spüren. Alle Vorstellungen lösten sich auf, Schlaf war unwichtig geworden, alles war unwichtig geworden.

Was konnte ich gegen die Wirkung der Hitze tun? Ich beobachtete die anderen Menschen und versuchte, ihre Verhaltensweisen zu lernen. Ich erkannte, dass sie die Haut nicht der Sonne aussetzten. Man hielt Kopf, Körper und Arme immer bedeckt. Abends blieben die Leute länger auf, standen früh auf und verschliefen dafür mittags die heißeste Zeit. Ein angenehmer Schlaf war das freilich nicht. Die Leute schliefen im Sommer wenig und nicht sehr tief.

Spätestens zur Gebetszeit wurden wir sowieso geweckt. "Unser" Muezzin hatte eine unangenehme, heisere Stimme, gar nicht so melodisch wie im Fernsehen. Fünfmal täglich rief er zum Gebet, zu Anfang schreckte es mich und die Kinder aus dem Schlaf, später nahmen wir es nur noch im Unterbewusstsein wahr. Die Präsenz der Religion war ein Tatsache.

Eines Morgens erschienen drei Frauen vor der Tür: die Schwiegermutter Um Karim, Schwägerin Asma und Schwägerin Miriam. Resolut traten sie ein, und nach der herzlichen Begrüßung gingen sie durch das Haus. Meine drei Kinder wurden samt Oma auf ein großes Doppelbett gesetzt, so waren sie aus dem Weg. Asma spritzte die Hausflure mit dem Schlauch gründlich ab und fegte das Wasser samt dem Staub mit dem Reisigbesen in die Wasserlöcher. Diese Besen waren kurz und bogen sich, dadurch hatte man gute Kontrolle und erreichte jede Ecke. Ein Haushalt verbrauchte zwei bis drei Besen im Jahr. Wasserlöcher befanden sich in allen Fluren und in jeder Etage, auch auf dem Dach und im

Hof.

Offensichtlich wollten die Verwandten mir Anschauungsunterricht erteilen, damit ich besser zurechtkam. Die Atmosphäre war rau, aber herzlich. Nach dem Besen kam der Gummischieber am Stiel, damit wurde das restliche Wasser entfernt und dann trockengewischt. Inzwischen fegte und wischte Miriam die Zimmer und ich schwang das Staubtuch und den Lappen, um die Möbel zu reinigen. Wie sehr bedauerte ich, dass ich kanadische Holzmöbel in einem Container mitgebracht hatte. Die hier üblichen Blechschränke ließen sich abseifen und hätten mir weniger Arbeit gemacht. Das übrige Inventar, Matratzen, Decken und Teppiche konnte gewaschen werden. Nur im Besuchszimmer gab es Polstermöbel, Holzschränke, Vitrinen, Tischchen usw. Hier wurden sie meistens mit Plastikfolie bedeckt und der Raum verschlossen.

Nach dem Saubermachen inspizierten sie meinen Kühlschrank.

"Und wo ist das Essen?" fragte meine Schwiegermutter.

"Wieso Essen?" , dachte ich, "Es ist doch gar nicht Essenszeit."

Ich verstand nicht, was sie meinte. Auch das Kochen ging hier anders vor sich als bei uns. Es herrschte Vorratswirtschaft. Die Hausfrauen stellten Speisen her, sobald der Vorrat schrumpfte. Bei so vielen Personen konnten sie nie genau berechnen, wie viel benötigt wurde. Und da es viele andere Arbeiten gab, kochten sie vor, um für Wäsche, Einmachen, Reinigungsarbeiten usw. Zeit zu haben. Der Kühlschrank war eigentlich nie ohne gekochte Speisen. So erwarteten meine Verwandten das auch bei mir. Es fiel ihnen schwer zu begreifen, dass es bei uns in Deutschland oder in Kanada anders war.

Ich erklärte, ich sei krank, und das war nicht weit von der Wahrheit entfernt. Ich fühlte mich deprimiert und unterlegen. Wie konnte ich es mit diesen starken, humorvollen und sehr belastbaren Frauen aufnehmen, und noch dazu bei dieser Hitze, bei der in Deutschland nur noch hitzefrei gewesen wäre. Man hätte von Kreislaufschwäche geredet. Man hätte mich bedauert. Ich bedauerte mich auch selbst.

"Du willst wohl deine Mama? Du brauchst vielleicht noch *Sese,* Muttermilch?" So sah das jedenfalls Asma. Hier wurde ich nicht bedauert. Warum auch? Alle anderen hatten das gleiche Wetter und die gleiche Arbeit, dazu mehr Kinder und weniger Geld. Da gab es nur zwei Möglichkeiten: Entweder schaffte ich es oder ich schaffte es nicht. So einfach war das.

Ich beschloss, ab sofort einfach so zu tun, als ob es die Hitze nicht gäbe, als ob mir all das Neue vertraut wäre. Ich war freiwillig hergekommen und wollte nun nicht aufgeben. Die anderen Frauen sollten nur nicht denken, dass ich unfähig wäre. Sie verbrachten ihr ganzes Leben hier und waren noch nie so verwöhnt gewesen wie ich.

Kurze Zeit später erzählten sich die drei Frauen drüben im Nebenhaus die neuesten Ereignisse und aßen dabei kleine grüne Gurken, Pflaumen und Mirabellen. Unsere Kinder wurden liebevoll angesprochen, man fütterte sie mit Obst, sang für sie, klatschte den Rhythmus und forderte sie auf, zu tanzen. Wie gemütlich saßen wir auf weichen Matratzen und Polstern am Boden und alle Kinder spielten in der Mitte, beschützt und einbezogen.

Tellerklappern um halb vier

Mitten in der Hitze, der Trockenheit und der Eingewöhnung in die neue Lebensweise begann der Fastenmonat.

Von Sonnenaufgang bis Sonnenuntergang, das heißt im südlichen Sommer von halb vier Uhr morgens bis etwa sieben Uhr abends wurde bei normaler Arbeitsleistung weder gegessen noch getrunken. Ich konnte nicht begreifen, was für einen Sinn diese harten Vorschriften haben sollten. War es eine Schulung der Willenskraft, ein Sieg des Geistes über den Körper? Oder sollten die Reichen auch einmal den Hunger kennen lernen, um die Armen besser zu verstehen oder den Platz des Menschen in der Natur sehen zu können?

Meine Verwandten fasteten mit bewundernswerter Begeisterung und Überzeugung, ganz anders als ich es erwartet hatte. Asma zum Beispiel hätte nach den Vorschriften des Korans nicht zu fasten brauchen, da sie ihr Baby stillte. Vom Fasten sind diejenigen befreit, die krank sind, ein Baby erwarten, stillen, ihre Periode haben oder sich auf einer Reise befinden, also Menschen, die besonderer körperlicher Belastung ausgesetzt sind.

Doch Asma wollte fasten, ebenso wie im letzten Jahr, als sie schwanger war. Sie sah blass aus, und ihr kleines Töchterchen Jasmin, etwa sechs Monate alt, schrie stundenlang, weil die Muttermilch versiegt war. Ich war aufgeregt, redete auf die Eltern ein, glaubte, unbedingt etwas unternehmen zu müssen.

Alle lachten, winkten ab und versuchten, mich zu beruhigen. Gott würde den beiden helfen. In kurzer Zeit würde alles in Ordnung sein. Die Kleine könnte ebenso gut etwas anderes essen oder trinken. Gott hatte sie doch auch im letzten Jahr während der Schwangerschaft gut beschützt und Jasmin war im Dezember als großes, starkes Kind auf die Welt gekommen!

Ich wurde nervös und wunderte mich über den Eigensinn und die Ausdauer der anderen. Doch tatsächlich hatten sie Recht. Nach einigen Tagen war alles wieder ruhig. Das Kleine gewöhnte sich an andere Nahrung, gleichzeitig begann auch die Milch der Mutter wieder zu fließen. Hier passte sich der Mensch den Gegebenheiten an, nicht umgekehrt.

Morgens gegen halb vier zogen die Trommler durch alle Straßen, um die Gläubigen zum Essen zu wecken, bevor die Sonne aufging. Darauf begann ein Tellerklappern in der ganzen Nachbarschaft, verschlafene Stimmen ertönten von überall her. Nach einer halben Stunde war alles wieder still, die Leute hatten sich wieder hingelegt. Den ganzen Tag über hatte ich ein komisches Gefühl, wenn ich etwas aß oder trank, und ich versuchte, dabei nicht gesehen zu werden. Die Atmosphäre war so ansteckend. Fastende Mütter fütterten geduldig ihre Kinder und kochten, ohne abzuschmecken. Die Frauen besuchten sich viel. Sie hatten mehr Zeit als sonst. Sie saßen zusammen und erzählten, ohne dass etwas angeboten wurde. Rauchen oder Kaugummi kauen waren auch nicht erlaubt.

Die Wirtschaft des Landes litt natürlich unter dem Ramadan, auch wenn es niemand zugeben wollte. Im Laufe des Monats ließen die Kräfte nach. Die Männer von der Müllabfuhr schliefen stundenlang neben der Straße im Schatten eines Baumes. Die Versorgung mit Lebensmitteln wurde unzuverlässig, weil die Bauern und Händler müde und erschöpft waren und tagsüber schliefen. Wir hörten im Radio, dass Cholera ausgebrochen war, offiziell sprach man von 11

Fällen, inoffiziell von über 50. Im Fernsehen wurde empfohlen, jedes Stück Obst und Gemüse mit Seife und Kaliumpermanganat zu waschen. Vor Kräutern wurde gewarnt, da sie auch nach dem Waschen noch Krankheitserreger enthalten könnten. Ärzte empfahlen, ganz auf sie zu verzichten. Das fiel den Hausfrauen jedoch zu schwer, die Frauen in meiner Umgebung nahmen keine Notiz von der Warnung und verwendeten weiterhin Petersilie und frischen Koriander. Die Cholera trat jedes Jahr auf dem Höhepunkt der Hitze auf, sie waren daran gewöhnt.

"Gott wird uns auch diesmal beschützen.", dachten sie, und so war es auch.

Ging der lange Hungertag zu Ende, lag eine seltsam packende Stimmung über der ganzen Stadt. Schon am Nachmittag begannen die Vorbereitungen zum gemeinsamen Abendessen nach Sonnenuntergang.. Die Melonenverkäufer, die an den Straßenecken neben großen Bergen von Wasser- und Honigmelonen campierten, hatten Hochbetrieb. Fast jeder Familienvater kaufte jeden Tag Melonen. Die saftigen Früchte waren die köstlichsten Durstlöscher, die man sich vorstellen konnte. Spezielle Getränke für den Ramadan wurden zu Hause vorbereitet, Saft aus getrockneten, eingeweichten Aprikosen, Limonade oder Maulbeersaft. Die Hausflure wurden noch einmal gespült und getrocknet, auch die Innenhöfe, denn hier fand abends das Essen statt. Kinder mit dampfenden Schüsseln eilten hin und her. Der Austausch von Kostproben war nie so lebhaft wie im Ramadan. Die Tafel war immer abwechslungsreich, auch wenn man selbst nur ein Gericht gekocht hatte.

Nach religiöser Vorschrift sollte beim *uftur* (Abendessen nach Anbruch der Dunkelheit) langsam und mäßig gegessen werden. Karim und Asma wussten, dass wir nicht fasteten, doch wurden wir stets freundlich eingeladen und aufmerksam bedient. Die Fastenden stürzten sich keineswegs auf das Essen. Höchstens 13- oder 14-jährige ließen sich noch die Erleichterung anmerken und tranken nach Beendigung der Gebete hastig und gierig. Vielleicht war es nach einer derartigen Fastenleistung (13 Stunden ohne Essen und Trinken bei über 35 Grad im Schatten) gar nicht möglich, schnell und hastig zu essen. Langsam begann das Mahl. Im Laufe des Abends wurden noch viele Speisen verzehrt. Die meisten Leute nehmen nicht ab, manche sogar zu!

Die Abendmahlzeit im Garten nach Sonnenuntergang strömte eine wunderbare Atmosphäre aus. Wir saßen auf ausgebreiteten Decken, in der Mitte ein großes Alluminiumtablett, das vom Scheuern glänzte, bedeckt von einer Vielzahl an Speisen. Auch ich kochte nachmittags und trug eine Speise dazu bei. Wenn wir mit dem Mahl begannen, spürte ich förmlich, dass jetzt Millionen von Menschen das Gleiche taten.

Die Melonen, in mundgerechte Stücke geschnitten und von den Kernen befreit, bildeten den Abschluss, das pure, zuckersüße Vergnügen.

Freizeit? Was ist das?

Wir saßen mit den Schwiegereltern im Jahez-Park, in einem der reichsten Stadtviertel von Damaskus, wo die Diplomaten wohnten. Mein Schwiegervater war Schmied von Beruf und war nicht an Spazieren gehen gewöhnt.

Irgendwie hatte er sogar ein schlechtes Gewissen, hier im Grünen auf einer Bank zu sitzen. Ein junger Mann schob einen Kinderwagen vorbei mit einem hübschen, gepflegten Baby darin.

Abu Karim, so wurde mein Schwiegervater nach seinem ältesten Sohn Karim genannt (Vater von Karim), bemerkte dazu: "Wenn ich dieses Baby sehe, muss ich an meine Mutter denken. Wenn sie ihre Eltern besuchen ging, sah das so aus: Ein Kind unter dem Herzen, ein Kind auf dem Arm, ein Kind an der Hand, ihre Sachen in einem Bündel auf dem Kopf, und ein Dreijähriger lief daneben, das war ich."

So lebten die Frauen in der damaligen Zeit. Und von dieser Situation waren die Kinder betroffen. Eine Kindheit im heutigen Sinn hat Abu Karim nie gehabt. Sicher hat seine Mutter damals noch den *Mandil* getragen, der aus zwei schwarzen Kopftüchern bestand, eines nach vorn gebunden, eines nach hinten. Es war die damals übliche Form der Verschleierung in der Stadt.

Als Abu Karim die zweite Schulklasse beendet hatte und sieben Jahre alt war, konnte er genug rechnen, um in das Schmiedegeschäft seines Vaters einzutreten. Er war über 50, als er schließlich das Geschäft selbst übernehmen und führen durfte und nicht mehr als Arbeiter seinem Vater unterstand. Von sechs Uhr morgens bis sechs Uhr abends war die Schmiede geöffnet, meistens auch am Freitag, dem islamischen Ruhetag. Er wird nicht so streng eingehalten wie der christliche Sonntag und viele Geschäfte sind sieben Tag in der Woche geöffnet.

Als Abu Karim 17 war, wurde er mit der 16-jährigen Cousine Halima verheiratet. Die arrangierte Ehe war die übliche und normale Form der Heirat. Auch in den 70-ern, als ich in Damaskus lebte, kam es selten vor und war nicht üblich, dass junge Leute sich allein kennen lernten. Jedenfalls wurde Abu Karim verheiratet und bekam tägliche Rationen Fladenbrot und andere Lebensmittel für seine Familie vom Vater zugeteilt. Das Leben bot kaum persönliche Freiheit. Pflichterfüllung und Gehorsam waren gefordert.

Er verlangte von seinen Kindern, was sein Vater von ihm gefordert hatte. Er war unreif, streng, in seiner kurzen Freizeit mürrisch und herrisch. Sein Leben war von der Arbeit in der Schmiede ausgefüllt. Die eisernen Geräte wurden bis zum Glühen erhitzt und in heißem Zustand in Form gehauen. Mehrere Arbeiter standen um das Stück Eisen herum und schlugen nacheinander im Takt genau auf die richtige Stelle. Auf diese Weise wurden Hämmer, Sicheln, Äxte, Hacken und andere Geräte hergestellt.

Die schwere Arbeit ließ Abu Karims Gelenke steif werden, so dass er nun im Alter seine Schuhe und Strümpfe nicht mehr allein anziehen konnte. Jeden Morgen brauchte er dabei die Hilfe von einem seiner Kinder oder Enkel. Seine Arme und Hände wurden dick vor Muskeln, die Finger so gefühllos, dass er heiße Töpfe anfassen konnte, ohne es zu spüren.

Daneben wurde sein Leben ausgefüllt von Familienfesten, religiösen Feiertagen, Fasten, einer Pilgerfahrt nach Mekka und seiner Vorliebe für die Nachrichten im Radio. Er hatte eines der ersten Radios in Damaskus und wenn er morgens gegen fünf Uhr das Frühgebet beendet hatte, war es immer

Zeit für die Nachrichten, bevor er zum Geschäft ging und es um sechs öffnete.

Seine Frau Um Karim (Mutter von Karim) war ein lebenslustiger Mensch und die Ehe schien nicht glücklich zu sein. Abu Karim lebte hauptsächlich für die Arbeit und die religiösen Pflichten und er bestand auf seinem patriarchischen Ansehen. Seine Frau dagegen erwartete mehr vom Leben. Sie hatte als junges Mädchen Laute spielen und singen gelernt, sie liebte Ausflüge ins Grüne und geselliges Beisammensein. Jeden Freitag wollte sie bei schönem Wetter mit allen Kindern, Kochgeschirr, Lebensmitteln und dem brummigen Ehemann mit dem Bus oder dem Zug aus der Stadt hinaus in die Felder fahren, um irgendwo im Grünen zu picknicken.

Über 20 Jahre lang war sie entweder schwanger gewesen oder hatte gestillt. Sie bekam 14 Kinder, davon überlebten sieben. Viele starben schon als Kleinkinder an Kinderkrankheiten, ärztliche Hilfe gab es damals noch nicht.

Ich wehre mich dagegen, die Schicksale von Frauen der Vergangenheit isoliert zu betrachten, ohne die Schicksale ihrer Männer. Abu Karim ist genauso wie seine Frau die längste Zeit seines Lebens abhängig gewesen, hat hart arbeiten müssen, hat sein ganzes Leben in den Dienst der Familie gestellt.

Das kleine Schmiedegeschäft war im Laufe der Jahre wertvoll geworden. Landbesitz in der Innenstadt war im Wert gestiegen. Doch das Geld konnte die alten Menschen nicht mehr verändern, sie waren nicht gewohnt, reich zu leben. Abu Karim ging noch mit 65 Jahren täglich ins Geschäft, er fastete wie immer im Ramadan. Gott hatte ihm ein hohes Alter geschenkt, Kinder und Enkel. Fastete er und starb daran, so war er auf die Ewigkeit gut vorbereitet, er hatte alle Gebote befolgt. Es machte ihm nichts aus, dass der Arzt meinte, weiteres Fasten wäre gefährlich.

Erst die nächste Generation war von den Veränderungen betroffen, die Reichtum und Verwöhnung mit sich bringen.

Die Beschreibung meiner Schwiegereltern wäre unvollständig, würde ich nicht noch eines erwähnen: das Erzählen. Abu Karim erzählte gern, ebenso wie seine Frau. Seine Augen funkeln dabei schalkhaft, er erzählte mit den Händen und lebhafter Mimik, mit Leib und Seele, von Kunden im Geschäft, wie er ihnen Streiche spielt, oder sie ihm.

Ein westlicher Reisender, der ihn so sieht, könnte nachher schreiben: Der Orientale hat Zeit, viel Zeit. Hier gibt es keine Hetze des Alltags, keinen Stress. Der Orientale ist gemütlich, hat Geist und Humor. Solche Äußerungen habe ich schon manchmal gehört. Aber der westliche Reisende irrt sich in einem wesentlichen Punkt: Der Orientale scheint Zeit zu haben, weil es keine Freizeit gibt.

Keine Freizeitpläne, keine Freizeitgestaltung, keine Einteilung nach der Uhr. Es gibt auch kein "nachher, wenn ich fertig bin." Geschäfte werden zu jeder Zeit gemacht, auch spät abends. Geschäftspartner bleiben auch mal über Nacht. Die Läden haben fast immer geöffnet. So ist nur das Gespräch, sei es ein Verhandeln oder ein Erzählen, ein Ruhepunkt im Leben, etwas, wo sich Lebensfreude, Witz und Lebensphilosophie ausdrücken. Das Gespräch ist Verweilen, Nachdenken, Vortragen, Weitergeben von Wissen, Machtkampf, Kunstform, Lernen, Helfen.

Da geht doch eine rückwärts!

Ein deutscher Freund bemerkte eines Tages, als wir auf der Straße gingen: "Schau, da läuft wieder eine rückwärts."

Und wirklich sah es so aus, als ob eine Frau, mit dem *Mandil* bekleidet, sich in der falschen Richtung bewegte. Von zwei Kopftüchern wurde das hintere geknotet und das vordere hing lose herunter. Noch in den 1950er Jahren beherrschte der *Mandil* das Stadtbild, war die übliche Verschleierungsform der Frauen in Damaskus.

Heute hat die Frau die Auswahl zwischen verschiedenen Formen. Der *Mandil* ist noch vertreten und auch junge Frauen wählen es, ihn zu tragen. Hishams Schwester Mira, Frau eines Millionärs, gehörte einer strengen religiösen Richtung an und bestand auf dem *Mandil*. Ihr Mann war dagegen, wurde aber nicht gefragt. Andere ziehen es vor, mit farbigem Kopftuch und Mantel bedeckt zu sein. Die leichteste Form der Verschleierung ist ein farbiges Kopftuch passend zum Kleid. Die Aussage des Korans kann auf verschiedene Weise ausgelegt werden. Sie bedeutet sinngemäß, dass sich die Frauen so bedecken sollen, dass sie ihre Reize nicht zur Schau tragen und die Aufmerksamkeit der fremden Männer nicht erregen. Früher, im osmanischen Reich, diente die Verschleierung dazu, die freien Frauen von den Sklavinnen zu unterscheiden. Freie, ehrbare Frauen fühlten sich zu gut, um von jedem betrachtet zu werden. Die Verschleierung bot Schutz vor Belästigung.

Zur Zeit des Propheten sinnvolle Regeln und zum Schutz der Frauen. Auf der anderen Seite kann ich mir vorstellen, wie die tägliche, stündliche Verschleierung auf die Persönlichkeit wirkt und was für Folgen sie hat. Der ständige Gedanke: "Hat vielleicht ein Mann meine Haare gesehen?" fixiert das Mädchen, die Frau in ihrer Rolle als Objekt der männlichen Begierde. Die Umständlichkeit, immer sorgfältig bedeckt zu sein, führt dazu, dass die Frau mehr im Haus bleibt und es vermeidet, schnell mal zum Kaufmann an der Ecke zu gehen. Kleine Mädchen wachsen mit dem Gedanken auf und wollen natürlich "wie Mutti" sein. Das Selbstwertgefühl verknüpft sich mit dem Kopftuch. "Weil ich ein gutes Mädchen bin und aus gutem Haus, zeige ich das der Welt mit meiner Kopfbedeckung. Nichttragen des Kopftuchs erweckt starke Schuldgefühle und Ängste.

Viele Möglichkeiten sind dadurch verwehrt, zum Beispiel Schwimmen, Rad fahren (da könnte was verrutschen) oder Joggen. Der Anschluss an die Neuzeit, die man ja im Fernsehen sieht, ist ihnen dadurch erschwert, die jungen Männer sind im Vorteil.

Zwei junge Mädchen, die sich westlich kleideten, in Diskotheken gingen, studierten und sich mit Freunden trafen (rein platonisch), gab es in der entfernten Verwandtschaft. Als sie 26 und 28 waren, also weit über dem üblichen Heiratsalter, fanden sich keine Bewerber! Junge Männer befreundeten sich mit ihnen, sie waren beide sehr hübsch, aber heiraten - das war etwas anderes. Durch die Wohnungsknappheit konnte sich keiner leisten, die Eltern vor den Kopf zu stoßen und "so eine" zu heiraten. Nein, die jungen Männer heirateten dann konservative Mädchen, die von der Mutter oder Tante vorgeschlagen wurden, ins Haus zogen und sich mit den Eltern vertrugen. Die meisten jungen Paare waren von den Eltern abhängig, oft arbeitete der Sohn im väterlichen Geschäft.

Es gibt in Syrien keine Mietwohnungen, junge Leute können nur heiraten, wenn sie eine Wohnung bar bezahlen können

(Der Islam verbietet Kredit mit Verzinsung) oder mit den Eltern zusammenleben. Diese Situation führt dazu, dass die Eltern bei der Wahl des Ehepartners nicht nur mitreden, sondern ausschlaggebend sind. Gefällt den Eltern ein Mädchen nicht, weil es zu "modern" ist, kommt eine Heirat nicht in Frage. Schon aus diesem Grund achten die Eltern von Töchtern darauf, dass sie an Kopftücher gewöhnt sind, um die Heiratschancen zu sichern.

Stadtfrauen waren also meist mit dunklem Mantel und einfarbigem Kopftuch bekleidet, Landfrauen jeweils mit der Tracht ihres Dorfes. In meiner Wohngegend in den Außenbezirken von Damaskus, wo früher ein Dorf lag, trugen die Frauen ein dunkelblaues, weites und langes Gewand aus festem Baumwollstoff mit betonten Schultern und Biesen am Oberteil, dazu geblümte Kopftücher, hinten geknotet, Mit dieser Tracht war keine Umstandsmode notwendig, auch das Stillen war jederzeit möglich durch die Form des Ausschnitts. Im Sommer wurde eine Bluse, im Winter ein Pullover darunter getragen. Beim Einsteigen in den Bus konnte man sehen: darunter war eine Pyjamahose.

Die Stadtfrauen trugen statt dessen dicke braune Strümpfe und eine weiße Baumwollunterhose bis über das Knie.

Zu diesen Traditionen fand jede ihre eigene Variante. Hier ein Minirock mit Hose darunter. Da eine Strickmütze als neue Form der Kopfverschleierung. Dort ging ein Pärchen Hand in Hand, das war eine Sensation. Sie balancierte dabei einen Kleiderballen auf dem Kopf.

Duftender Jasmin

Es klopfte. Es war Um Jasin, die mich als erste Nachbarin besuchte. Die Anrede Um Jasin, also Mutter von Jasin, und Abu Jasin, Vater von Jasin, ist unter Nachbarn und Bekannten praktisch, weil sie weder förmlich noch zu persönlich ist.

Ich war Um Samir, Mutter von Samir, und ich bat Um Jasin herein. Leider war dieser erste Besuch noch nicht ergiebig, eher peinlich. Ich saß ihr gegenüber mit einem Büchlein "gesprochenes Arabisch für Orientreisende" in der Hand. Gerade noch konnte ich verstehen, dass sie sich wunderte, warum wir nutzlose Palmen im Gärtchen gepflanzt hatten. Besser wäre ein Zitronenbäumchen, Jasmin oder ein Aprikosenbäumchen, also etwas, das duftete und einen guten Geruch verbreitete.

Als ich ihr einige Tage später einen Gegenbesuch abstattete, war es an mir, mich zu wundern. Um Jasin war keine Damaszenerin, sie hatte einen anderen Standard an Sauberkeit. Der Geruch in ihrem Haus ließ mich verstehen, was sie gemeint hatte. Sie hätte einen duftenden Jasmin gebrauchen können.

Die Garage ihres Hauses war zu einem kleinen Laden umfunktioniert worden, wo es Süßigkeiten, Limonade, Mehl und einige andere Dinge gab. In einer Ecke standen zwei Tische, dort erteilte Abu Jasin nachmittags nach der Arbeit im Büro noch Schreibmaschinenunterricht. Um Jasin saß vormittags im Laden auf einer Decke und putzte Gemüse, neben ihr ein Dreifußkocher. So konnte sie während des Kochens auch Kunden bedienen. Jeden Tag machte sie mit viel Wasser und Schwung sauber, aber irgendwie war das eher symbolisch, sie erreichte nie die Ecken.

Die Familie hatte ein Besuchszimmer, das mit teuren Möbeln und amerikanischen Gardinen (ihr ganzer Stolz) ausgestattet war. Die Familie war relativ wohlhabend, das sah man aber den sieben Kindern überhaupt nicht an. Die Kleinen steckten in Sachen, die entweder zu groß oder zu klein waren. Sie hatten das ganze Jahr Plastiksandalen an, nur zur Schule oder zu Festtagen wurden Schuhe getragen. Die Kleinen benutzten, sobald sie etwas laufen konnten, schon keine Windeln mehr, was den eigenartigen Geruch im Haus erklärte.

In der ersten Zeit dachte ich, die Familie wäre arm, und ich verteilte oft Kekse, Käseecken oder Obst an die Kleinen. Doch Abu Jasin baute zur selben Zeit einen Balkon mit Marmorverkleidung und tauschte seinen VW gegen einen Peugeot ein, der damals in Damaskus ein Vermögen kostete.

Um Jasin war zwar sehr freundlich, doch wohl eher nicht der richtige Umgang für mich.

Da wäre Um Eiman, die mir gegenüber wohnte, schon eher etwas. Sie war klein, reichte mir nur bis zur Schulter, hatte eine kugelrunde Figur. Ihr Gesicht war immer strahlend und offen und die liebliche, weiche Stimme machte sie mir sympathisch. Ich sah sie immer in Eile, wie sie mit einigen Kindern einkaufen ging, auf dem Dach Wäsche aufhängte, Blumen goss. Sie hatte zehn Kinder, die einfach, aber immer sauber und ordentlich gekleidet waren. In ihrem Hof und auf dem Dach pflegte sie viele Pflanzen in Marmeladeneimern, Dosen, Töpfen, jeder übrige Tiegel wurde mit Erde gefüllt und bepflanzt. Sie ging in der Fürsorge für Haus und Familie auf, mit großer Energie und ohne die Stunden zu zählen. Doch ebenso selbstverständlich nahm sie sich ihren freien Tag, stellte früh morgens Essen in den Kühlschrank und verschwand, zum Beispiel um ihre Mutter zu besuchen oder zum Souk el Hamadije, dem großen Bazar von Damaskus, zum Einkaufen zu gehen.

Regelmäßig lud sie ihre Nachbarinnen abends zu einem Frauentreff ein. Auch ich wurde herzlich eingeladen, zusammen mit meiner Schwägerin. Wie romantisch der kleine Garten bei Dunkelheit wirkte! Alle Frauen hatten sich schön gemacht, es waren keine Kinder dabei, natürlich auch keine Ehemänner. Es gab Tabboule, einen erfrischenden Salat aus Petersilie, Minze, Tomaten und Weizenschrot.

Die Gesprächsrunden begannen meistens mit: "Was hast du heute gekocht?", einem Thema, das jeder am Herzen lag. Die täglichen Sorgen mit der Familie, Nachrichten über Krankheiten, Todesfälle und Hochzeiten wurden ausgetauscht. Später besprachen die Frauen auch persönliche Sorgen, erzählten Witze, stellten Musik an und klatschten oder tanzten dazu. Oft wurde die Trommel geschlagen, oder, wenn keine da war, die Plastikschüssel, die sich auch ganz hervorragend eignete.

In Europa geht alles paarweise. Das legt einerseits zu viel Gewicht auf die Beziehung, die Partner sind so sehr aufeinander angewiesen, dass sie sich leicht auf die Nerven gehen. Mann und Frau denken verschieden, sprechen über verschiedene Themen, und das ist natürlich. Zwar gibt es Frauengesprächsrunden und Frauenkulturtage, aber die sind oft anonym, wenn die Frauen sich nicht so gut kennen. So ein Nachbarschaftstreff von Frauen könnte mir in Deutschland auch gefallen.

Ein kleines Mädchen hatte Geburtstag. Das war gleich in den ersten Tagen nach meiner Ankunft. Ich ging mit meiner Schwägerin und meinen Kindern hin. Wir saßen im Innenhof eines Hauses, die Kleinen schüchtern in einer Reihe, viele hatten nur Plastiksandalen an, sie waren den ganzen

Nachmittag mit einer frischen Limonade zufrieden, keines brachte ein Geschenk. Alles kam mir so ärmlich vor im Vergleich mit den Kindergeburtstagen, die ich kannte.

Mein erster Eindruck war; diese Leute sind sehr arm. In Wirklichkeit war es aber einfach nicht üblich, Kinder zu verwöhnen. Die Kinder waren glücklich, weil sie dabei sein, mitsingen und mittanzen durften. Eine neue weiße Schleife im Haar genügte für eine festliche Stimmung. Die Konsumgesellschaft bringt uns dazu, immer mehr zu wünschen und immer mehr Geld auszugeben, das wir oft nicht haben. Einfache Freuden wie selbst singen und tanzen gehen bei vielen verloren.

Nach einiger Zeit sah ich die wirtschaftlichen Verhältnisse der Familien ganz anders: Die Häuser oder Wohnungen waren ihr Eigentum. Keiner schuldete der Bank Geld. Die Frauen kauften sich zu jedem Festtag und bei jeder Einladung zu einer Hochzeit neue, wertvolle Kleider, von einer Schneiderin nach Maß gearbeitet. Junge Männer bezahlten große Geldsummen als Morgengabe für die Braut, das Geld ging in den Besitz der Frau über, dazu mehrere Festkleider, Alltagskleidung, Wäsche und goldener Schmuck. Alle Frauen besaßen Gold und Edelsteine, das war ihr Vermögen, das sie bei Bedarf verkaufen konnten.

Spielzeug betrachteten die Menschen als unnötig. Wenn Kinder ein Stofftier oder eine Puppe geschenkt bekamen, stellte die Mutter diese in eine Vitrine im Besuchszimmer. Beschäftigung hatten die Kinder genug, sie nahmen an der Welt der Erwachsenen teil. Babys saßen auf der Türschwelle des Hauses und beobachteten das Leben auf der Straße. Größere Mädchen hatten mit dem Saubermachen und Geschirrwaschen zu tun, Jungen kauften ein, bastelten mit Holz, Hammer und Nägeln, bauten Käfige für Tauben und Hühner und waren dann für die Pflege der Tiere verantwortlich.

Alltagsdinge wurden zum Spielzeug. Oft sah ich Dreijährige, die zufrieden ein Stück Papier an einem Faden hinter sich her zogen. Größere Kinder bastelten kleine Wagen aus Drahtkleiderbügeln.

Die Kinderarbeit war ungewohnt für mich, ich betrachtete sie mit gemischten Gefühlen. Ich hatte mir vorgestellt, dass die Kinder unzufrieden und unglücklich wirken müssten, wenn sie schon im Alter von 10 oder 12 Jahren einige Stunden am Tag im Geschäft des Vaters oder im Haushalt arbeiteten. Aber hier machte ich die Erfahrung, dass die Kinder stolz auf ihre Leistung waren. Und sie hatten keine Umstellung zu bewältigen, wenn der Ernst des Lebens, der Eintritt ins Arbeitsleben begann. Sie wuchsen vollkommen realistisch auf und waren auf das Erwachsenendasein bestens vorbereitet. Sie wussten, was sie erwartet und sie brauchten weniger Entscheidungen zu treffen. Die Berufswahl war kein Drama. Die meisten Jungen übernahmen den Beruf des Vaters oder suchten eine andere Tätigkeit in ihrer Umgebung aus. Da die Handwerker neben der Straße in kleinen Werkstätten arbeiteten, konnten keine Missverständnisse aufkommen.

Es wäre ideal, wenn Kinder frühzeitig mit ihren Eltern zusammen die Arbeitswelt kennenlernen könnten, ohne allerdings überfordert zu werden. Viele Eltern erreichten das hier in Damaskus.

Unser kleiner Hof war von einer etwa zwei Meter hohen Mauer umgeben. Eines Tages schaute ein lustiges Mädchengesicht über die Mauer und meinen Kindern beim Spielen zu, eine 13-jährige mit einem langen Pferdeschwanz, mongolischen Gesichtszügen und ohne Kopfbedeckung, Es war die jüngste Tochter unserer Nachbarn, die außer Arabisch auch Tscherkessisch sprachen. Es gibt viele tscherkessische Familien in Damaskus. Sie sind Muslime, vor mehreren Generationen in Syrien eingewandert, gut integriert, aber sie bewahren auch ihre eigene Kultur, ebenso wie die Armenier, Kurden und Türken.

Einige Zeit später lud mich die tscherkessische Nachbarin zu einer tscherkessischen Hochzeit ein. Das war seit Monaten die erste gemischte Gesellschaft, außerhalb der direkten Familie, die ich erlebte. Für einige Stunden hatte ich das "Normal-Gefühl", Männer und Frauen zusammen ohne Verschleierung gemeinsam feiern zu sehen.

Wenn man so wie ich in Deutschland aufgewachsen ist, fällt es schwer, die Trennung der weiblichen und männlichen Welt zu akzeptieren und zu leben. Ich sehnte mich nach einem anderen Straßenbild, nach Cafés und Restaurants und Geschäften, in denen die Frauen nicht mit bunten oder schwarzen Kopftüchern bedeckt sind, wo also die Welt nicht in zwei Teile geteilt ist.

Männer und unverschleierte Frauen kamen zur Hochzeitsfeier auf dem Dach eines Hauses zusammen, es ging lustig und temperamentvoll zu. Ein Musiker spielte auf dem Akkordeon einen ganz anderen Rhythmus als den der arabischen Trommel.

Es tanzte jeweils nur ein Paar. Der leichte, tänzelnde Schritt war schwer zu erlernen. Die beiden schienen zu schweben, sie tanzten aufeinander zu, voneinander weg, umeinander herum. Dann trat ein neues Paar in die Mitte. Was für ein Erlebnis für mich! Da war Spannung zu spüren, wenn sich die Jungen unbefangen mit Mädchen unterhielten. Im Gegensatz zu arabischen Hochzeiten, wo - in der Frauenabteilung - viele Reihen von kostbar gekleideten Frauen auf die Braut schauten, die vorn auf einem geschmückten Thron saß und dann oft jede Stunde in einem anderen Kleid erschien, war die tscherkessische Hochzeit lebhaft und lustig.

Danach kam mir der arabische Alltag, die Besuche in getrennten Wohnzimmern, die Verschleierung auf dem Balkon, die Männer, die es für unschicklich hielten, einer Frau die Hand zu geben oder ihr in die Augen zu sehen, wieder sehr befremdlich vor und war schwer zu ertragen. Und doch waren die Tscherkessen auch Muslime, in einer moderaten und moderneren Form.

Die tscherkessische Nachbarin war es, die mir erzählte, dass eine Deutsche ganz in der Nähe wohnte. Eine Ingenieurin aus der DDR, mit einem Syrer verheiratet, gab ihr Kind während der Arbeitszeit zu einer Tscherkessin. Die junge Frau war gerade im Urlaub in Deutschland, und so musste ich noch vier Wochen warten, bis ich sie endlich kennen lernen konnte.

Deutsche Möbel, Deutsch sprechende Kinder, deutsche Bücher und ein Stück Marmorkuchen. Das fühlte sich unglaublich heimatlich an!

Ein Platz in der Familie

Im September begann die Schule für unsere Älteste. Wir hatten sie bei der internationalen Schule angemeldet, wo in englischer Sprache unterrichtet wird und im amerikanischen System, also so wie in der kanadischen Schule. Nun lernte ich die "besseren" Viertel der Stadt kennen, wo Diplomaten aus aller Welt lebten, wo das UNO-Gebäude, die Botschaften und Kulturzentren stehen, grüne Parks angelegt sind. Reiche und gebildete Syrer hatten ihre Villen oder Apartments dort, es gab einige Supermärkte mit einem größeren Warenangebot und höheren Preisen.

Gegenüber der Schule lag der Jahez-Park. Hier verbrachte ich nun öfters nach der Schule noch Zeit mit den Kindern in den gepflegten Grünanlangen. Wir lebten in zwei Welten, und zu keiner gehörten wir wirklich. Eines Tages lernte ich eine junge Frau kennen, die mit ihren Kindern spazieren ging. Eine moderne Araberin ohne Kopftuch, in Jeans und Pulli, freundlich und mit Englischkenntnissen. Ich freute mich, nun endlich Kontakt zu modernen, westlich orientierten Syrern zu bekommen. Wir freundeten uns an. Ich besuchte sie einige Male. Ihre Kinder waren im Alter passend zu meinen.

Unsere Gegensätze zeigten sich aber in der Erziehung und so wurde doch nichts aus der Bekanntschaft. Die äußeren Ähnlichkeiten, nämlich Kleidung und Frisur, waren nur oberflächlich, und die Situation war für mich schwieriger als mit den traditionell eingestellten einfachen Frauen. Meine Bekannte glaubte nämlich, dass wir viel gemeinsam hätten. Ihr Mann hatte in den USA studiert und sie fand sich, in Jeans gekleidet, vollkommen modern. Innerlich hatte sie natürlich die gleichen Vorstellungen und Ansichten wie die anderen Araberinnen.

Als die kleine Dana, das etwa 3-jährige Töchterchen meiner Bekannten, einmal meiner Tochter einen Kaugummi aus dem Mund riss und selbst daran weiterkaute, küsste die Mutter ihr Kind und drückte es an sich. "*Ja Allah, schu awije!*", rief sie, "Mein Gott, wie stark sie ist!" Und sie erklärte mir:"Stark sein ist ja so wichtig für Mädchen."

Also, das ging mir dann doch zu weit. Wo blieb denn da die Gerechtigkeit? Dana wurde passend zur Gesellschaftsordnung erzogen. In einem Land, wo Jungen und Männer gesetzlich und gesellschaftlich im Vorteil waren, konnten Mädchen nur durch Willenskraft, Mut, List und Hartnäckigkeit weiterkommen.

Was mir in syrischen Familien positiv auffiel, war die Stellung der Kleinkinder. Sie hatten durch das Leben in der Großfamilie viele Bezugspersonen. Verwandte, Nachbarn und ältere Geschwister sprachen sie immer wieder an, lachten mit ihnen, erklärten und erzählten ihnen etwas. Wenn die Älteren aber Arbeit zu tun hatten, mussten die Kleinen ihren Platz als Beobachter einnehmen und das waren sie auch gewöhnt. Sie lebten nicht in einer Spielzeugwelt. Sie lernten, in Arbeitsvorgänge einbezogen zu werden. Wenn die Mutter zum Beispiel Linsen verlas, und das Kleinkind fing an zu quengeln, erzählte die Mama eine Geschichte über die Steinchen, die zwischen den Linsen liegen und dass sie unbedingt herausgesucht werden müssen, da man sich sonst die Zähne ausbeißt. "Da! Schau! Schon wieder einer! Heraus damit!"

Das Kleinkind war wichtig, aber nicht die Nummer eins, um die sich alles dreht. Es fügte sich von Anfang an ein, lernte früh, zu warten, bis es an die Reihe kam. Es wusste, dass alle es lieb hatten. Waren aber Gäste zu bedienen, hatte es keinen Anspruch auf die Aufmerksamkeit der Mutter. Vielleicht brüllte es, tobte, aber lernte dann, seinen Platz einzunehmen.

Ich bewunderte die Geduld vieler Mütter, die ihre umfangreiche Arbeit immer mit kleinen Kindern verrichteten und damit zurecht kamen. Wenn Asma im Sommer mittags müde wurde, legte sie sich einfach auf eine Matratze im Familienzimmer und schlief. Die kleine Jasmin versuchte zuerst, sie zu wecken, setzte sich auf ihren Bauch, zupfte an ihrer Nase. Asma reagierte überhaupt nicht, sie wurde aber auch nicht böse oder ungeduldig. Sie wusste, dass Jasmin von selbst merken würde: "Die Mama schläft jetzt, da kann ich nichts machen. Ich muss warten, bis sie wieder aufwacht." Jasmin verstand, wie ihr Platz innerhalb der Familie war, dass jeder vom anderen abhängig war, und nicht nur an sich selbst denken konnte.

Die Ramadantrommeln weckten auch die Kleinsten um halb fünf Uhr früh. Bei Besuch schlief das Baby mitten im Zimmer bei angeregter Unterhaltung in südlicher Lautstärke. Ich war immer erstaunt, was die Kleinen alles mitmachten. Einmal beschwerte ich mich bei meiner Schwägerin Miriam, dass sie keine Rücksicht auf ihre Kinder nahm, wenn wir zu einer Hochzeit eingeladen waren. Zu später Stunde schliefen die Kinder oft im Sitzen oder sogar im Stehen ein. Von Deutschland war ich gewohnt, dass Kinder viel Ruhe und Regelmäßigkeit brauchten.

"Denkst du, ich nehme meine Kinder mit, weil ich keinen Babysitter habe?", erklärte mir Miriam, "Ich kann sie jederzeit bei meiner Nachbarin lassen. Ich nehme sie mit, weil es für sie wichtig ist, diese Hochzeit mitzuerleben. Sie sind dabei, weil sie dazugehören, sie sehen alle Verwandten, auch diejenigen, die weiter weg wohnen."

Kinder waren überall dabei außer bei den Frauentreffs. Dafür brauchten meine Verwandten ihnen auch später nicht mehr viel über die Sitten und Traditionen zu erklären, sie hatten alles schon miterlebt. Mädchen wussten, was von ihnen später als Frau erwartet wurde, sie versuchten früh, an der häuslichen Arbeitswelt teilzunehmen, sie fanden ihre persönlichen kleinen Freiräume. Manchmal waren Tricks notwendig, um sich durchzusetzen.

Andere Interessen als die der Familie wurden nicht gefördert. Empört zeigte mir Schwägerin Mira, dass ihre Söhne fantasievolle Figuren aus Seife geschnitzt hatten. "Und so was treiben die Kinder, während ich arbeite!"

Großzügigkeit, Freigebigkeit und Gastfreundschaft waren wichtige Werte, die den Kindern vermittelt wurden. Teilen und Abgeben waren schon bei den Kleinsten ein Thema.

Im Flur neben Um Jasins Laden saßen drei kleine Kinder am Boden. Jedes hatte ein Stück Brot in der einen Hand und einen Löffel in der anderen. Sie teilten sich einen Teller Eintopf. Es war allgemein üblich, dass nicht jeder einzelne eine Portion für sich bekam, sondern sie lernten das Teilen. Noch bevor das Kind von der Muttermilch entwöhnt war, begann die Auseinandersetzung mit den Geschwistern. Jedes Kind reagierte anders. Da gab es viele Möglichkeiten: Schneller essen als die anderen, um mehr abzubekommen, die anderen wegschieben, ablenken, oder für Gerechtigkeit sorgen, weil man das älteste Kind ist. Die Wirkung des Konkurrenzkampfes beim Essen war um so stärker, je ärmer die Familie war.

Armut brachte aber nicht nur Egoismus hervor. Oft waren ältere Geschwister ein Leben lang für die jüngeren da. Hishams Schwester Miriam begann mit 15 Jahren eine Ausbildung als Krankenschwester. Die Eltern hatten ihr Alter um zwei Jahre höher angegeben, damit sie schon aufgenommen wurde. So konnte sie mit 17 den Abschluss machen und anfangen zu arbeiten. 25 Jahre lang hat sie in der Krankenpflege und Geburtshilfe gearbeitet und unterstützte ihre jüngeren Geschwister. Sie gab ihnen Taschengeld, kaufte Kleidung für sie, unterstützte die Mutter und half mit, das Studium des Bruders im Ausland zu finanzieren. Erst als alle Geschwister selbstständig waren, hat sie mit 42 Jahren geheiratet, zwei Kinder bekommen und ihr eigenes Leben aufgebaut.

Respekt vor Älteren brauchte nicht gelehrt zu werden, er wurde vorgelebt. Wer sieht, wie die Eltern den Großeltern zur Begrüßung die Hände küssen, dem braucht niemand zu sagen, dass Oma und Opa Respektspersonen sind. Genauso war es mit der Religion. Das Kind erlebte mit, dass die Eltern sich fünfmal am Tag vor Gott verneigten und mit der Stirn den Boden berührten. Ehrfurcht und Anbetung waren real vor den Augen der Kinder. Während der Fastenzeit bettelten die Kinder, endlich auch wie die Großen mitmachen zu dürfen.

Es war und ist eine Erziehung für eine festgefügte Gesellschaft. Jeder ist Mitglied einer Familie. Ohne soziale Absicherung vom Staat ist die Familie die Sicherheit, die niemand gefährden darf.

Pantoffeln für Opa

Freitags, am islamischen freien Tag, der unserem Sonntag entspricht, besuchten wir meistens die Schwiegereltern. Miriam wischte erst einmal die Zimmer und räumte die Küche auf. Die Schwiegermutter war über 70 und konnte ihren Haushalt nicht mehr allein bewältigen. Sie koche nur noch, die Söhne brachten ihr Lebensmittel ins Haus, die Töchter und Enkeltöchter wechselten sich mit der Hilfe im Haushalt ab.

Die jungen Mädchen, Töchter von Asma, Miriam und Mira, standen der Großmutter für häusliche Arbeiten zur Verfügung. Obwohl sie während der Woche ihre Häuser kaum verließen, außer um in dunkelblauen Uniformen zur Schule zu gehen, und nach der Schule zu Hause viel Arbeit hatten, machte es ihnen nichts aus, an ihrem einzigen schulfreien Tag bei Oma zu putzen, große Berge Geschirr zu spülen, Obst zu schälen und zu servieren, Kaffee zu kochen, Babys und Kleinkinder zu hüten. Dabei kicherten und tuschelten sie, erzählten sich Witze.

"Ein Mann hatte gehört, dass Eiskaffee sehr gut schmeckt. Er konnte aber nirgends welchen finden.

"Haben Sie Eiskaffee?" fragte er in Damaskus.

"Eiskaffee? Was ist das?" meinten die Leute.

"Haben Sie Eiskaffee?" fragte er in Beirut.

"Nein, leider nicht."

Er machte eine Reise nach Paris.

"Haben Sie Eiskaffee?" fragte er in einem Café.

"Ja, natürlich!" war die Antwort.

Da sagte der Mann: "Toll! Dann machen Sie mir gleich eine Tasse heiß!"

Oft sangen sie zusammen die neusten Schlager. Sie waren hübsche Mädchen mit großen, strahlenden Augen und sehr weiblicher Figur.

Auch die Jungen halfen mit. Gegen alle Erwartungen konnte ich mich überzeugen, dass Söhne in Syrien nicht wie die Paschas bedient wurden, wie ich es mir vorgestellt hatte. Sie waren mit fast allen Hausarbeiten vertraut. Sie fegten Fußböden, kochten Kaffee und Tee, räumten Möbel um, und auch das Einkaufen war meistens ihre Aufgabe.

Kleinkinder mit ihren drolligen Bewegungen und Bemerkungen standen im Mittelpunkt, die ganze Familie hatte Spaß an ihnen. Ein Onkel führte Zauberkunststücke für die Kinder vor, wobei Münzen verschwanden und aus dem Ohr eines Kindes wieder herausfielen. Tante Mira hatte immer Bonbons oder Schokolade dabei, der Opa gab jedem Kind eine kleine Geldmünze; damit konnten sie sich draußen auf der Straße bei einem der vielen Händler Kaugummi oder ähnliches kaufen.

Alle Kinder, auch die Kleinsten, sobald sie laufen konnten, durften kleine Dienste verrichten, zum Beispiel dem Opa die Pantoffeln bringen, der Oma ein Glas Wasser oder der Tante ein Kissen.

Um Karim liebte die Gesellschaft, sie unterhielt sich mit allen, während sie auf der Veranda auf Kissen und Decken saß und heißen, süßen Tee schlürfte.

Hin und wieder verschwand ein Familienmitglied, um ein Mittagsschläfchen zu halten, erschien dann später wieder; das war selbstverständlich. Besonders im Sommer konnten wir ja nachts wegen der Hitze nicht viel schlafen und waren mittags müde..

Abu Omar, der immer gern erzählte, war einmal mitten in einer Geschichte eingeschlafen. Inzwischen hatten wir Obst gegessen und Tee getrunken, über die Tagesereignisse geredet und über das heiße Wetter. Nach einer Stunde wachte Abu Omar plötzlich auf und erzählte den Rest seiner Geschichte! Er dachte wohl, er wäre nur fünf Minuten eingenickt.

Wir hörten oft Musik aus dem Radio, täglich gab es Musiksendungen im Fernsehen, aber wir sangen auch selbst zum Schlag einer Trommel. Gemeinsames Singen macht Spaß. Manchmal erheiterte uns Um Karim mit ihrer Begabung für Stehgreifdichtung. Zwischen den Zeilen wurde von uns allen (für mich nicht ganz so leicht) mit hoher, schriller Stimme "au-ha" eingeworfen, während sie kurz Zeit hatte, sich den nächsten Vers auszudenken.

"Hisham kam aus Kanada,

au-ha,

das ist so weit weg,

au-ha,

und er ist immer noch der Gleiche geblieben,

au-ha,

er meckert immer noch viel zu viel,

lilililililililililililililililisch!"

Das Li-li-li-lisch trillerten wir mit der Zunge.

Diese schönen Traditionen sah ich noch so lebendig um mich herum, dass ich verstehen konnte, warum hier keine amerikanischen Kriminalfilme oder Liebesfilme gesendet wurden, zumindest nicht vor 22 Uhr. Der Gegensatz zur westlichen Welt war groß und ich konnte verstehen, dass der westliche Einfluss auf die Familien nicht so willkommen war. Eltern hatten Angst davor, dass ihre Kinder negativ beeinflusst würden.

Ich selbst war innerlich gespalten. Ich war beeindruckt von der alten Welt, von dem Familienzusammenhalt, von dem traditionellen Leben in der Großfamilie. Gleichzeitig war ich in Europa aufgewachsen, mit Idealen der Individualität. Jeder sollte seine Anlagen entwickeln und ausleben können, auch künstlerisch. So etwas war hier undenkbar. Alles Künstlerische galt in dieser Handwerkerfamilie als gefährlich, weil es auf direktem Weg in den Ruin führen könnte. Malen, ein Instrument spielen, Singen, außer als gemeinschaftliche Beschäftigung am Freitag, all das konnte von den Pflichten in der Familie ablenken.

Auch der Tanz war eine Familienangelegenheit. Mühsam wurden die jungen Mädchen einzeln überredet zu tanzen. Die meisten waren angehende Meisterinnen im orientalischen Tanz. Die Glitzerkostüme, die jetzt in Europa in Mode gekommen sind, findet man in Syrien nur im Nachtclub. Zu Hause tanzten junge Mädchen zwar sehr kunstvoll, aber meistens unter sich , im Kreis von engen Verwandten oder zu Hochzeiten.Ein junges Mädchen tanzt nie vor einem Mann, den sie möglicherweise heiraten könnte.

Sogar im normalen Kleid und in der Familie waren die Mädchen noch so schüchtern, dass sie jedes Mal mit Komplimenten und netten Worten überredet wurden. Durch den Beifall der anderen lockerte sich die Stimmung, auch die

Kinder machten mit, die Großeltern und die 90-jährige Uroma.

Sie war in letzter Zeit schon etwas verwirrt im Kopf, alle mussten auf sie aufpassen. Manchmal aß sie alles, was auf dem Tisch stand, zum Beispiel eine ganze Schüssel Marmelade. Auch erkannte sie nicht mehr alle ihre Nachkommen und fragte: "Wer bist du?" Aber das entfernte sie nicht von den anderen. Es hinderte sie nicht daran, mit ihrem Enkel Karim zu tanzen.

Das System der Großfamilie funktionierte hier sehr gut. Auf der einen Seite besteht eine große Zahl an Verpflichtungen, die jeder erfüllen muss. Jeder stellte seine Fähigkeiten zur Verfügung, sei es Schneidern, Haare schneiden oder Auto fahren. Durch die Erziehung von klein auf und die Gefühlsbindungen fiel das den Einzelnen aber nicht schwer, das konnte ich in dieser Familie deutlich sehen. Auf der anderen Seite waren Eigenwille und Durchsetzungskraft auch ausgebildet durch das Handeln um den Preis, durch die täglichen Gespräche und durch Toleranz gegenüber persönlichen Eigenheiten. Ich habe kaum erlebt, dass jemand wegen seines Charakters kritisiert wurde, und wenn, dann in Form von Witzen und Späßen.

Schwache Mitglieder, zum Beispiel mit körperlichen oder psychischen Behinderungen oder Leistungsschwächen, wurden von der Familie stillschweigend mitgetragen. Sicher versuchten die Verwandten, junge Menschen zur Leistung zu erziehen, wenn aber ein Mitglied nicht in der Lage war, mehr zu leisten, ließ man denjenigen in Ruhe. Wichtig war nur, eine solche Person nicht in die Familie aufzunehmen, und dafür sorgte die arrangierte Ehe. Denn einmal in die Familie aufgenommen, musste man das neue Mitglied akzeptieren und notfalls mitversorgen.

Als Miriam mich einmal besuchte, entdeckte sie ein Paket Persil im Bad, damals in Syrien eine Kostbarkeit. Sofort erzählte sie mir, wie sehr sie sich wünschte, auch einmal mit Persil waschen zu können. Natürlich gab ich ihr die Hälfte von dem Paket ab. Nach einem halben Jahr waren wir in ihrer Wohnung zum Essen eingeladen, und was entdeckte ich da? Die Tüte mit dem Waschmittel lag völlig unangetastet im Badezimmer. Plötzlich war mir klar, dass ich nur auf die Probe gestellt worden war, Test auf Familientauglichkeit mit Auszeichnung bestanden!!!

Wenn ich meinen Schwager Karim um eine Erledigung oder Hilfe bat, konnte er mir diese nicht abschlagen. Es war seine Pflicht, der Frau seines Bruders zu helfen, besonders, wenn dieser verreist war. Als Karim merkte, dass ich meine Einkäufe, Behördengänge, usw., wenn irgend möglich, allein erledigte, war er sehr erfreut und erleichtert. Er beobachtete meine Selbstständigkeit und ich hörte ihn sagen: "Deutsche Frauen sind wie Männer und noch mehr!"

Das schöne System der Großfamilie verleitet ja auch dazu, es sich bequem zu machen, sich immer auf andere zu verlassen. Karim hatte bemerkt, dass ich bei Problemen zuerst einmal ruhig blieb, mich selbst für eine Lösung verantwortlich fühlte. Viele orientalischen Frauen waren so erzogen, dass sie immer forderten und verlangten, ohne sich Gedanken zu machen, wie der Mann es bezahlen sollte. Das war sein Problem. Die Frau wünscht, der Mann erfüllt. Die Männer hatten es nicht leicht mit solchen Frauen. Das war der Preis für die patriarchalische Stellung der Männer.

Außerhalb der Großfamilie herrschten andere Bedingungen. Jede Familie war eine Einheit. Die Unterstützung und Hilfe galt nur innerhalb. Für die wenigen Sozialfälle, die wirklich keine Familie hatten, hatte der Koran ein Spendensystem vorgesehen, zu bestimmten Anlässen und Feiertagen spendeten die Gläubigen. Eine Absicherung das ganze Jahr über, das gab es nur innerhalb der Familien durch die gegenseitige Unterstützung.

Die meisten Syrer arbeiteten nicht für jemand anders, sondern hatten ein eigenes Geschäft, und sei es nur ein fahrbarer Verkaufsstand für gekochte Bohnen auf der Straße. Handwerker, Kaufleute, Bauern und Nomaden, sie alle arbeiteten selbstständig in Familienbetrieben.

Alle Nomaden der Welt eignen sich nicht gut für die Arbeit in Fabriken und die Unterordnung in staatliche Systeme. Ich erinnerte mich an die Probleme der Indianer und Inuit in Kanada. Nomaden haben ein anderes Lebensgefühl und auch ein anderes Gefühl für Zeit.

Die Araber bestimmen die Zeit der Gebete nach der Sonne, und nach den Gebetszeiten richtet sich der Tagesablauf. Die Gleichförmigkeit der Arbeit nach der Uhr, jeden Tag zur selben Minute, ist den Menschen unsympatisch. Die Gestirne, das Wetter, religiöse Feste, das sind die Schwerpunkte. Das Kalenderjahr richtet sich nach dem Mond, ebenso wie die islamischen Festtage. Verglichen mit unserem Kalender verschieben sich die Ereignisse jedes Jahr um 11 Tage, zum Beispiel beginnt der Fastenmonat Ramadan jedes Jahr 11 Tage früher und bewegt sich so durch alle Jahreszeiten.

Zurück zur Großfamilie und ihrem Stand in der Gesellschaft. Innerhalb der Familie hält man zusammen. Fremden gegenüber ist man misstrauisch und man repräsentiert. Durch großzügige Gastfreundschaft will man sich von der besten Seite zeigen, sein Ansehen, sein Vermögen, seine Stärke beweisen. Im Besuchszimmer hängt fast immer ein Kronleuchter und dort stehen kostbare Möbel, im Familienzimmer dagegen sind praktische, stoffbezogene Matratzen und Blechschränke das übliche Mobiliar. Bei einer

Einladung zum Essen findet der Gast viele reichhaltige Speisen vor, manchmal mehr als die Familie in einer ganzen Woche zu essen hat. Nach außen stellt man sich in ein gutes Licht. Daher ist der Eindruck, den fremde Reisende von den Lebensverhältnissen der Menschen hat, oft nicht realistisch, mancher Gastgeber bietet alles an, was die Vorratskammer enthält und muss später dafür sparen und verzichten.

Auf der Straße redet oft einer den anderen mit "*Ja, achi!*", (Oh mein Bruder) an, um nach dem Weg zu fragen. Karim bringt seine Geschäftspartner mit nach Hause, lässt Essen servieren, lässt auswärtige Gäste übernachten. Es erscheint so, als ob sich alle Araber wie Brüder behandeln, sich vertrauen. Das hatte ich am Anfang ganz falsch verstanden. Warum ist es notwendig, jemanden für eine harmlose Auskunft zum Bruder zu machen, für einen Geschäftsabschluss in die Familie einzubeziehen? Weil das Misstrauen gegenüber Menschen, die nicht zur Familie gehören, so massiv ist, dass Gesten, Symbole und Worte gebraucht werden, um diese Kluft zu überbrücken.

Steine im Acker

Wir fuhren mit Um Karim über viele Straßen und Wege, sie kannte alle Dörfer im östlichen Rhouta, einem großen Obstanbaugebiet in der Oase Damaskus. Der Fluss Barada verschwindet hier völlig, er wird für die Bewässerung der Felder und Plantagen aufgebraucht. Uralte Gesetze regeln die Wasserrechte jedes einzelnen Bauern, er weiß genau, zu welcher Zeit er das Wasser auf seine Felder leiten darf.

Um Karim hatte jahrzehntelang freitags die Familie in überfüllten Bussen aus der Stadt geführt, um hier draußen irgendwo am Wegrand zu picknicken. Sie kannte auch viele Bauersfamilien und wollte eine Freundin besuchen. Da der Hausherr nicht anwesend war, ging nur ich mit hinein und mein Mann wartete im Auto.

Eine hübsche junge Frau empfing uns und schloss das Besuchszimmer auf. Die Bauernhäuser waren genauso gebaut wie die Stadthäuser, nur der Innenhof war größer. Hier spielten die Kinder, hier konnten die Hausfrauen Gemüse putzen und auch die meisten anderen Arbeiten verrichten. Um den Hof herum lagen die Schlafzimmer, eine Küche und die "gute Stube". In einer großen Vitrine standen Gläser und Porzellan, Teppiche und Wandteppiche, gestickte und gemalte Koransprüche schmückten den Raum.

Wir saßen auf stoffbezogenen Matratzen und plauderten eine Weile. Später beim Hinausgehen bemerkte ich überall aufgerissene Wände, heraushängende Drähte. In diesem Haus wurden gerade zum ersten Mal Stromleitungen gelegt! Die junge Frau strahlte. Nun konnte sie sich eine Waschmaschine anschaffen, einen Kühlschrank, einen

Fernseher! Dieses Haus lag gerade mal eine Viertelstunde Autofahrt von der Hauptstadt entfernt. Hier geschah eine große Umwälzung des Lebens. Wir können uns gar nicht vorstellen, was das für die Menschen bedeutet. Besonders das Fernsehen bringt Kontakt mit nie gesehenen Welten, mit neuen Ideen.

Ein andermal besuchte ich mit Hisham einen Kunden der Schmiede in einem Dorf, das auf mich eher abstoßend wirkte. Flache, graubraune Häuser säumten lehmige Straßen, alles Ton in Ton, kein Grün und keine Farbe außer Grau und Braun war zu sehen. Ich war kaum zu überreden, aus dem Auto zu steigen und mitzugehen. Was konnte mich hier schon erwarten?

Kaum trat ich durch das Tor in den Innenhof, traute ich meinen Augen nicht. Was für ein hübscher Anblick: Überall grüne Pflanzen und Bäume, in der Mitte ein sechseckiger Brunnen mit Steinmosaik, Ich wurde in das Familienzimmer zu den Frauen geführt, wieder war ich überrascht. Mehrere Schränke, die vom Fußboden bis zur Decke reichten, waren vollständig mit Einlegearbeiten bedeckt, altes damaszener Kunstgewerbe, das ein Vermögen wert war.

Ich war ja unangekündigt erschienen und traf die Frauen in ihrer normalen Alltagssituation vor. Wie hatte ich mich hier getäuscht. Frauen und Kinder waren hübsch angezogen, in sorgfältig geschneiderten Kleidern. Wir aßen Mandarinen und Nüsse, tranken süßen Tee. Es war sehr gemütlich und gepflegt und ich nahm mir vor, mich nicht mehr vom äußeren Eindruck eines Hauses beeinflussen zu lassen.

Am anderen Ende der Stadt liegt das westliche Rhouta, ebenfalls am Fluss Barada, bevor er die Stadt erreicht. Auch hier liegen Ausflugsziele, an der Straße entlang sind Lauben eingerichtet, wo Familien picknicken können. Restaurants und Nachtclubs, manche mit bunt gekachelten Portalen, säumen die Straße, die ins Gebirge zu den Kurorten Bloudan und Sabadani führt, an den Quellen des Barada vorbei. Die Straße führt bis zur libanesischen Grenze und nach Beirut.

Nach einem Ausflug nach Bloudan besuchten wir eine Bauersfamilie, die sogar eine eigene Quelle besaß. Wir setzten uns ins Gras, neben Felder und Obstbäume. Dieser Besuch sollte für mich zum Alptraum werden und mich noch lange beschäftigen.

Die Bauersfrau war im neunten Monat schwanger und schleppte zwei volle Eimer Wasser von der Quelle zum Obstgarten, wo ihr Mann Chemikalien einrührte und die Bäume damit spritzte. Dann holte sie neues Wasser, während er nur dastand und wartete. Ich regte mich furchtbar auf.

Ein Zweijähriger schrie: "Mama, Mama!". Ein Vierjähriger sammelte Steine aus dem Acker. Ich empörte mich darüber, dass die schwangere Mutter so schwer tragen musste, ich wünschte, ich könnte etwas dagegen unternehmen. Schließlich hatte ich meinen Mann so weit, dass er mit dem Bauern sprach.

"Natürlich könnte ich die Eimer selbst tragen.", meinte er, "aber meine Frau ist schwanger und braucht Bewegung, damit das Baby stark und gesund wird."

Was für eine Antwort! Und dabei blieb es.

Immer wieder ging sie mit den großen, vollen Eimern an uns vorbei. Wir waren Gäste auf dem Grund und Boden dieser Bauernfamilie und konnten uns nicht in ihre Angelegenheiten mischen. Die junge Frau lächelte jedes Mal im Vorbeigehen und ihre weißen Zähne blitzten im braungebrannten Gesicht. Der kleinere Junge legte sich ins Gras und schlief, der ältere ritt auf einem Esel umher. Als die Bauersleute mit ihrer Arbeit fertig waren, setzten sie sich zu uns.

Der Bauer erzählte uns, er hätte im letzten Jahr eine zweite Frau geheiratet, die aus Damaskus stammte. Die wäre längst nicht mehr da, sie hätte das harte Leben auf dem Land nicht ausgehalten. Alle lachten. Ich konnte mir das gut vorstellen.

Als wir endlich nach Hause fuhren, hatte ich Mühe, das alles zu verarbeiten. Warum regte ich mich eigentlich so auf? Ich beurteilte ganz fremde Verhältnisse, auf die ich auch keinerlei Einfluss hatte.

Aber wie konnte ich jetzt zu Hause die deutsche Frauenzeitschrift lesen, die mir meine Schwester geschickt hatte, mit Artikeln wie: "Aus dem Tagebuch einer werdenden Mutter." ???

Meine Welt war aus den Fugen geraten.

Teigtaschen mit Reis

Der November kam und es wurde angenehm kühl, aber es genügte, draußen eine Strickjacke überzuziehen.

Hishams Großmutter, eine große, schwere Frau mit rötlichem Haar und blauen Augen, wurde krank und starb nach einigen Wochen mit über 90 Jahren. Einschließlich ihrer vier Töchter hatte sie über 120 Nachkommen. Fast alle kamen schon wenige Stunden nach ihrem Tod in der Wohnung meiner Schwiegereltern zusammen.

In Syrien wird ein Toter am gleichen oder am nächsten Tag beerdigt. Das ist sicher aus hygienischen Gründen so wegen des heißen Klimas.

Die Wohnung war so voller Menschen, von denen ich nur einen kleinen Teil kannte, dass mich fast Platzangst überfiel, besonders da sie alle dunkel gekleidet waren und ich nicht wusste, welches Verhalten von mir erwartet wurde.

In getrennten Räumen lasen Männer und Frauen aus dem Koran vor und beteten. Später begleiteten die Männer die Leiche zum Grab. Die Frauen beteten noch eine Weile und machten sich dann an die vorgeschriebene Aufgabe, den Fußboden der Wohnung und alle Gegenstände, mit denen die Verstorbene in Berührung gekommen war, gründlich zu reinigen. Wieder ein hygienisches Gebot.

Es war auch ein menschliches Gebot, dass die entfernten Verwandten den Nahestehenden jetzt diese Arbeit abnahmen, während sie selbst bei den Betenden saßen und getröstet wurden.

Inzwischen hatten meine Verwandten Essen vom Restaurant bestellt. Nach den vielen Stunden Gebet, Lesung, Tröstung,

Leichenzug der Männer und Reinigungsarbeiten der Frauen waren wir alle richtig hungrig geworden, setzten uns dankbar an die lange Tafel und verzehrten *Usi,* bestehend aus Blätterteigtaschen, gefüllt mit Reis, Fleisch und Erbsen, das traditionelle Gericht für Beerdigungen. Dazu gab es Joghurtsoße mit Knoblauch und Gurke.

Zwiebeln im Ofen

Bald setzte der Regen ein, der Wind wurde stärker und steigerte sich zum Sturm. Die Straßen wurden schlammig, im Haus war es sehr unangenehm.

In unserem Reihenhaus gab es eine Treppe zum zweiten Stock, die nicht ganz überdacht war. Im Sommer war das ja nett, die Luft konnte zirkulieren, aber im Winter regnete es herein. Auf dem Weg zu den Schlafzimmern wurden wir nass.

Wir setzten unseren Ofen, der jedes Frühjahr weggeräumt und jeden Herbst wieder hervorgeholt wird. Er stand mitten in der Stube und mein Schwager legte ein langes, gewundenes Ofenrohr. Je länger das Rohr war, desto wärmer wurde es im Zimmer.

Dieser Ofen sah genauso aus wie in Wilhelm Buschs Darstellung vom Feierabend bei Lehrer Lämpel. An der einen Seite war ein kugelförmiger Ölbehälter. Von hier aus tropfte Öl gleichmäßig in den Ofen.

Oben auf der heißen Platte konnten wir Kastanien rösten, ein Bügeleisen erhitzen oder Wasser kochen, über dem Ofen hing die Wäsche zum Trocknen, innen hinter einer Klappe war ein kleiner Hohlraum, in den ich gerne Zwiebeln oder Kartoffeln schob, die dann lecker geröstet wurden. Fladenbrot machten wir hier auch wunderbar knusprig.

Es war üblich, sparsam zu heizen. Morgens eine Stunde, dann abends, wenn die Familie beisammen saß, nochmals einige Stunden. Die Hausfrauen waren ja während des Tages ständig in Bewegung und froren nicht so leicht. Ich war von Kanada her verwöhnt und fror ständig. Der Wind pfiff, Türen klapperten im Haus, es zog durch alle Fensterrahmen.

Karim lachte mich aus und zeigte mir, was er anhatte: drei Pullover und zwei Unterhemden. Ich musste einsehen, dass es ratsam war, sich wie eine Zwiebel mit vielen dünnen und dickeren Schichten zu bekleiden.

Immer noch machten die Frauen barfuß die Flure sauber. Wie sollte man denn sonst die Steinplatten mit dem Schlauch abspritzen? Das Wasser war eiskalt, die Sonnenheizung auf dem Dach half nicht mehr, wenn es draußen kalt war.

Einmal war ich bei Um Karim zu Besuch, als es stark zu regnen begann.

"Auf, Gisela, wir putzen den Hof!"

"Wie bitte? Aber es regnet doch....!."

"Ja, eben deswegen. Da brauchen wir doch kein Wasser zu benützen. Es regnet doch."

Gleich darauf stand die alte Dame barfuß und im Pelzmantel im strömenden Regen und fegte.

Weil ich eine gute Schwiegertochter war, konnte ich das natürlich nicht zulassen. Ich musste sie wieder in die Wohnung schieben und den Besen selbst in die Hand nehmen. Egal, ob ich nun abgehärtet war oder nicht, es war eine Frage der Ehre. Eine Erkältung geht ja auch wieder vorbei, nicht wahr?

Mein Badeofen bereitete mir die allergrößten Schwierigkeiten. Ich konnte ihn zwar anzünden, aber er ging immer wieder aus. Alle Verwandten, auch mein eigener Mann, erklärten, ich müsste halt noch lernen, wie man einen Ofen richtig heizt. Ich müsste eben noch üben.

Als Ausländer ...

Erst nach eineinhalb Jahren stellte sich endlich die Wahrheit heraus. Es gab auf unserem Dach drei Schornsteine, aber keiner davon war mit dem Badeofen verbunden! Es gab also keinen Abzug für den Rauch und deshalb konnte der Ofen nicht funktionieren.

Das arabische Bad, das Hammam, ist eine herrliche Sache, und nachdem unser Badeofen dann einen richtigen Abzug hatte und mit dem Schornstein verbunden war, konnten wir die dampfende Hitze genießen. Der ganze Raum ist wie eine Sauna. Wir zogen uns draußen im Wohnzimmer oder im Flur aus und gingen ohne Kleidung hinein. Im Hammam saßen wir auf kleinen Holzbänkchen vor einem Becken, in das kaltes und warmes Wasser floss. Mit einem Topf oder einer Kelle begießt man sich zuerst einmal gründlich. Dann seift man sich vom Kopf bis zu den Zehen mit grüner Olivenseife ein, spült wieder mit dem Topf nach, reibt sich mit einem rauen Stoffhandschuh ab und spült wieder nach .... Das Wasser fließt durch ein Loch im Boden ab. Das Ganze wiederholt man so drei- oder viermal.

Zuerst konnte ich es nicht lange im Bad aushalten, mir wurde schwindlig vom Dampf und von der Hitze. Ich bewunderte meine Schwiegereltern, die ja schon ältere Leute waren, wie sie den Temperaturwechsel vom kalten Flur (im Winter) zum heißen Dampfbad und wieder zurück wunderbar vertragen konnten. Für kleine Kinder war es schön, wenn sie zusammen mit der Mutter im Bad sitzen durften, jedes auf einem Holzschemel, und nacheinander begossen und abgeseift wurden. Meine Schwägerinnen und ihre Kinder hörte ich oft im Bad singen und schwätzen, sie genossen diese Zeit zusammen.

Familien aus abgelegenen Orten, wo das Wasser knapp war, fuhren regelmäßig zu den öffentlichen Stadtbädern, die seit der Römerzeit benutzt werden.

Einmal ging ich während der Öffnungszeit für Frauen mit meiner Schwägerin Nisha in so ein öffentliches Bad. Nachdem wir uns in der Vorhalle ausgezogen hatten, betraten wir Gewölbe und Gänge, Säle und Nischen der großen, alten Badeanlage. Wir entschieden uns für einen runden Platz mit mehreren Wasserbecken. Nisha suchte diesen Platz aus, weil sie hier auch andere Frauen kennen lernen und sich gut unterhalten konnte. Die Bäder waren für die Sauberkeit da, aber auch für die Geselligkeit. Eine Gruppe Frauen und Mädchen neben uns war aus einem entfernten Dorf gekommen, sie hatten Pommes frites und Salat mitgebracht und stärkten sich gerade.

Ich war eigentlich schnell fertig, doch Nisha hatte mehr Ausdauer; seifen, spülen, rubbeln, sich unterhalten, das Ganze noch einmal und noch einmal, und ....

Wollte sie ihre Haut denn ganz loswerden?

Inzwischen musste ich ihr Baby halten und das war wirklich nicht einfach. Unsere Babys waren etwa im gleichen Alter, acht oder neun Monate. Mein eigenes Baby hatte ich bei meinem Mann zu Hause gelassen. Wir waren beide stillende Mütter. Die Kleine auf meinem Arm schien hungrig zu werden und wollte sich gern bei mir bedienen. Nisha warnte mich eindringlich, dass ich das auf keinen Fall erlauben dürfte! Sonst könnten ihre Tochter und mein Sohn niemals heiraten. Wie bitte? Ja, klar, sie waren Cousin und Cousine, eine Heirat zwischen ihnen war in Damaskus nicht nur erlaubt, sondern recht üblich. Aber als Milchgeschwister durften sie nicht heiraten, so erklärte mir Nisha.

Da stand ich also, nackt mit einem nackten Baby auf dem Arm, und musste versuchen, meine Milchvorräte zu verstecken! Eine schwierige Situation, die dadurch nicht leichter wurde, dass sich Nisha immer wieder neu einseifte.

Endlich - als ich schon dachte, das hört nie auf - nahm sie mir das Kind ab und stillte es. Ich war erleichtert und entspannt und wir machten uns gemeinsam bereit, nach Hause zu gehen. In den Umkleideräumen musste sich Nisha meinetwegen sagen lassen, dass ich zu dünn wäre und dass man mir wahrscheinlich nicht genug zu essen geben würde. Ich wurde bemitleidet. Oder war ich etwa krank? Im Damaskus der 70er Jahre war eine schlanke Figur eine Schande.

Hier im Umkleidebereich konnte ich auch sehen, wie sich die Frauen alle Körperhaare mit gekochter Zuckermasse entfernten. Sie hatten Zucker mit etwas Wasser und Zitrone gekocht, dann geknetet, bis eine klebrige Masse entsteht. Jede Frau stellte dieses Schönheitsmittel selbst zu Hause her. Einmal im Monat wurden alle Körperhaare dann mit der Wurzel ausgerissen, entweder zu Hause oder - wie hier - im Bad.

Kulturschock

Den Ramadan erlebte ich im zweiten Jahr nicht mit, sondern verbrachte zweieinhalb Monate Urlaub in Deutschland.

Ausgerüstet mit Tesamoll zum Abdichten der Fenster, Salami, Puddingpulver und anderen Dingen, die ich in Damaskus nicht bekommen konnte, kam ich also wieder am Flughafen an.

Mein Mann war gerade auf Geschäftsreise in Algerien, und so holte mich mein Schwager Karim am späten Abend mit seinem uralten VW ab.

Der Orient hatte uns wieder. Die Straßen waren von großen Pyramiden aus Wasser- oder Honigmelonen gesäumt. Saftige Kaktusfrüchte wurden eisgekühlt angeboten und wegen ihrer Stacheln gleich vom Verkäufer geschält.

Zu Hause angekommen, war alles mit Staub bedeckt. Vor meiner Abreise hatte ich alle Betten mit Tüchern fest bedeckt, so konnte ich gleich die Kinder ins Bett bringen, bevor ich mit den "Wasserspielen" begann.

Der Strom fiel aus und ich konnte nichts mehr sehen. Wir lagen alle vier im großen Ehebett zusammen, atmeten schwer in der ungewohnten Hitze und lauschten dem Straßenlärm, den lauten Stimmen vor dem Haus, der Stimme des Gebetsrufers, die in jeden Winkel des Hauses drang. Das alles würde, jetzt noch unvorstellbar, bald wieder zu unserem gewohnten Alltag gehören. Für mich und auch für die Kinder war die Umstellung nach diesem ersten Urlaub besonders schwer.

Schon am nächsten Tag bekam ich Probleme mit den Landessitten. Ich musste ja das Haus "entstauben" und da waren für mich die Küche (da kam unser Essen her) und die Schlafräume (dort mussten wir sonst nachts Staub einatmen) am wichtigsten. Zuerst kaufte ich Lebensmittel und seifte dann die Küchenregale ab und wollte kochen.

Es klingelte. Vor der Tür standen die Schwiegereltern, der Schwager und die Schwägerin, um mich zu begrüßen. Ich war verärgert und fühlte mich überhaupt nicht imstande, die freundliche Absicht der Familie zu würdigen, nämlich dass sie mir zeigen wollten, dass ich auch ohne meinen Mann wichtig für sie war. Aber, wie das in der Großfamilie so ist, es findet sich jemand, der die Situation rettet, in diesem Fall Asma. Sie fegte schnell den Hof, brachte Stühle hinaus und kochte Tee.

Es fiel mir sehr schwer, meine Rolle hier wieder einzunehmen. Die Männer saßen getrennt von den Frauen. Die Gespräche in der Frauenrunde begannen - wie immer - mit: "Was hast du heute gekocht?" Dann etwas später: "Warst du auf der Hochzeit von ...?" Danach: "Was für ein Kleid hatte die Braut an?"

Das alles erreichte mich noch nicht. Sie lebten in ihrer Welt, ich aber im "falschen Film".

Bukra

Alle Straßen in Damaskus sahen zuerst für mich gleich aus.

Da ich vorhatte, die beiden älteren Kinder täglich zur Schule zu fahren, musste ich nun mit unserem alten Golf üben, mich hier in Damaskus zurechtzufinden.

Gleich bei der ersten Erkundungsfahrt verlor ich die Orientierung. Ruhe bewahren, gut aufpassen. Nach etwa zehn Minuten, in denen ich immer wieder abbog und nichts erkennen konnte, entdeckte ich endlich ein bekanntes Gebäude: die Zentralbank! Von hier aus konnte ich die Straße, in der meine Schwiegereltern wohnten, finden. Mein Schwager erklärte mir dann den Heimweg und versprach, Übungsfahrten mit mir zu machen. Super!

Die Übungsfahrten sahen dann so aus: Ich fuhr am Wochenende mit dem Auto voller Verwandter hinter ihm her zu einem Ausflugsort. Als wir dann abends im Dunkeln durch das unglaublich dichte Autogewühl heimführen, verlor ich ihn schnell aus den Augen.

Das Straßenbild sah damals so aus: Die meistgekauften Wagen waren japanische Modelle von Suzuki und Daihatsu. Sie bestanden aus einer kleinen Fahrerkabine vorn und einer offenen Plattform hinten, die manchmal mit Segeltuch überspannt war. Vorn saßen die Männer, auf der Plattform drängten sich die Frauen und Kinder. Eselskarren waren unterwegs, Fußgänger überquerten die Straßen. Händler säumten den Straßenrand und machen die Straßen noch schmaler als sie schon waren. In der Altstadt sind die Straßen mittelalterlich schmal, weil sie für Pferde gebaut sind.

Durch diesen Stadtverkehr drängten wir uns also, ohne unseren kundigen Führer. In meinem Auto Frauen und Kinder, außer mir niemand mit Führerschein. Jeder im Auto riet mir zu einer anderen Route. Ich fuhr nach Gefühl. Wir näherten uns der Schnellstraße, die zu unserem Vorort führte. Wunderbar! An der letzten Kreuzung gab es kaum Licht, die meisten Straßenlaternen waren ausgefallen. Da hatte ich schlechte Karten. Plötzlich bemerkte ich, dass ich mich zwar auf der Schnellstraße, aber in der falschen Richtung bewegte.

Auf einmal war die Polizei da und winkte mich zur Seite.

"Kein Wort Arabisch!", flüsterten mir die Verwandten noch schnell zu. Ich brachte sowieso vor Schreck kein Wort heraus und gab dem Polizisten wortlos meinen Führerschein.

"Sie ist Ausländerin!", erklärten die Kinder, "Sie versteht nichts und sie kennt sich nicht aus."

Ich hatte Glück. Der Polizist war nett und hatte Mitleid mit mir. Er erklärte uns, wie wir richtig auf die Schnellstraße kommen konnten und nach zehn Minuten waren wir zu Hause.

Von nun an lernte ich am liebsten allein und durch Erfahrung. Den Weg zur Schule kannte ich bald. Und ich lebte in zwei Welten. Für den Schulweg musste ich mich nach der Uhr richten und auf die Minute pünktlich sein. Im übrigen Leben musste ich mich meiner orientalischen Umgebung und Familie anpassen, richtete mich nach der Dauer von Hausarbeiten, nach Zufällen, Begegnungen und Menschen. Ich überlegte mir nicht, was ich kochen wollte, bevor ich nicht das Angebot beim Gemüsehändler gesehen hatte.

Besuch konnte zu jederzeit eintreffen. Termine waren flexibel.

"Ich komme um drei Uhr." bedeutete: "Ich komme, wenn ich meine Arbeiten bis dahin erledigt habe, und wenn mich niemand besucht, und wenn nichts Unvorhergesehenes passiert, etwa um drei Uhr oder auch ein paar Stunden später."

Bukra, das heißt wörtlich morgen, aber es bedeutet nicht nur am morgigen Tag, sondern kann auch irgendeinen zukünftigen Zeitpunkt bedeuten. Das machte das Leben auch nicht gerade einfacher für mich. Ein Leben als Großfamilie kann ich mir aber gar nicht anders vorstellen. Jederzeit kann etwas dazwischen kommen, wenn eine Familie wegfahren will. Der Gebetsruf ertönt, also schnell die Waschungen verrichten, zehn Minuten, dann beten, zehn Minuten, Oma kann nicht mehr so gut laufen, will aber mit und es dauert eine Viertelstunde, bis sie fertig und im Auto ist. Da kommt plötzlich der Gasflaschenverkäufer mit seinem Wagen, wer weiß, wann es wieder Gasflaschen gibt, unsere ist fast alle! Also schnell eine Flasche gekauft, nur zehn Minuten. Inzwischen sind die Kinder wieder aus dem Auto gekrabbelt, die Kleinste fällt aufs Knie. Schnell ein Pflaster und ein bisschen getröstet, das muss ja sein. Können wir jetzt fahren? Wer weiß, was noch dazwischen kommt ...

So ist also eine Verspätung von zwei Stunden durchaus noch im grünen Bereich.

Geduld ist der Schlüssel zum Ausweg, sagt ein arabisches Sprichwort. Wer sich hier ärgert, kommt nicht weit. Was ist, wenn erst das fünfte Geschäft gutes Gemüse hat? Was ist, wenn du im staatlichen Geschäft bist und die Verkäuferin bedient dich erst, nachdem sie ihre Reihe zu Ende gestrickt hat? Malesch – Das macht doch nichts.

Elektronengehirn

Hisham blieb zwei Monate in Algerien, inzwischen lebte ich mich weiter in meiner Umgebung ein. Meine Sprachkenntnisse waren jetzt zumindest so weit fortgeschritten, dass ich mich mit Nachbarn, Händlern und mit der Familie unterhalten konnte.

Zu Hause trug ich lange weite Hauskleider wie die anderen Frauen. Beim Abspritzen der Hausflure konnte so ein dünnes Baumwollkleid auch mal nass werden, es trocknete schnell. Beim Einkaufen konnte ich nun (so einigermaßen) verhandeln. Der Besitzer eines kleinen Ladens ein paar Straßen weiter nannte mich "Elektronengehirn", weil ich ihm den Endpreis meines Einkaufs schon nennen konnte, bevor er ihn umständlich ausgerechnet hatte. Dieses Lob durfte mir aber nicht zu Kopf steigen. Er konnte nämlich nur jeweils zwei Ziffern addieren. Für einen Einkauf von sieben Artikeln brauchte er ganz schön lange. Aber ich hatte trotzdem Respekt vor ihm, denn er schaffte es, seine Familie mit dem Geschäft zu ernähren. Manchmal rief er Bekannte von der Straße herein, wenn meine und seine Addition nicht überein stimmten. Wir einigten uns immer im Guten. Schließlich haben irgendwann in der Geschichte die Tscherkessen und die Deutschen auf der gleichen Seite gekämpft, und wir waren Verbündete. (Auch wenn ich davon noch nie etwas gehört hatte.)

Jeden Morgen klopften die Kinder an meine Tür, die trockenes Brot für die Schafe sammelten. Letztes Jahr waren sie frech gewesen, weil sie mich noch nicht kannten. Nun wurden sie meine Freunde. Fast jeden Tag holten sie sich bei mir ein "Sandwiche", denn nach Hause gingen sie erst, wenn ihr Sack voll war, und das konnte den ganzen Tag dauern. Sie aßen unterwegs, bei freundlichen Menschen. Endlich konnte ich genug Arabisch, um ihnen zu sagen, dass ich morgens vor sieben nicht gestört werden wollte.

Die Nachbarn hatten sich an mich gewöhnt. Da gab es neben Um Jasin, Um Hisham und anderen eben auch Um Samir, also mich. In meiner Vorstadtumgebung ging es familiär zu, ich konnte mich abends auf die große, steinerne Türschwelle setzen und den Kindern beim Spielen zusehen. Einmal erzählte mir eine damaszener Bekannte, die in einem Hochhaus wohnte, wie isoliert ihr Leben war. Den ganzen Tag war sie allein mit ihren Kindern.

"Ohne Telefon", meinte sie, "ist man von der Welt abgeschnitten und wartet nur darauf, dass der Mann heimkommt."

Das war bei mir anders. Wenn ich mich einsam fühlte, ließ ich alles stehen und liegen und stellte mich eine Weile an die Haustür. Ich beobachtete spielende Kinder, Nachbarinnen gingen vorbei und sprachen mich an, wir unterhielten uns über die Gemüsepreise des Tages oder über das Kochen. Zu einigen Frauen konnte ich ins Haus gehen, wann immer ich wollte. Das hielt sie nicht von der Arbeit ab, ich machte dann alles mit, was gerade anfiel. Es gab viele "gemütliche" Arbeiten wie Gemüse putzen, Reis verlesen, Kräuter schneiden, da konnte man nebenbei erzählen. Nach einer halben Stunde kam ich aufgemuntert wieder nach Hause zurück und hatte wieder Lust auf meine eigenen Tätigkeiten.

Die Kinder der Nachbarn waren zurückhaltend und bescheiden erzogen, manche waren dazu angehalten, nichts anzunehmen, kein Essen, nicht einmal eine Belohnung für Hilfeleistungen.

An einem Freitagmorgen kam ein Nachbarsjunge zu Karims Haus, als wir gerade dabei waren, *Fuhl* zu essen, Salat aus Favabohnen, Tomaten, Zwiebeln, Knoblauch, Zitrone und Olivenöl. Karim lud ihn freundlich ein, mitzuessen, doch er erklärte, er hätte gerade gefrühstückt. Eine heftige Diskussion kam in Gang, und ich fragte Karim, was das zu bedeuten hätte. Er erklärte mir: "Wenn der Junge auch heute noch nichts gegessen hat, würde er trotzdem behaupten, er wäre satt. Also muss ich ihn zwingen, etwas zu nehmen, so ist das bei uns."

Ich fand das sehr unpraktisch. Warum um alles in der Welt sagten nicht alle einfach die Wahrheit? Da saß der Kleine vor seinem vollen Teller. Bei der nächsten Gelegenheit, sobald er sich unbeobachtet fühlte, machte er sich aus dem Staub. Offenbar hatte er doch schon gefrühstückt.

Ein Teller Essen stellte hier noch einen großen Wert dar. Wer sich das leisten konnte, musste seine Gastfreundschaft anbieten, auch gegen Widerstand.

Mehr und mehr kochte ich arabische Gerichte, weil ich die Zutaten in der Nähe kaufen konnte und die Produkte des Landes frisch waren. Schweinefleisch gab es nur in einem Geschäft in der Stadt, und europäisches Brot im Christenviertel Bab Tuma (Tor des Thomas). Die Butter, die es zu kaufen gab, war im Sommer nicht gut gekühlt und schmeckte etwas ranzig. So stellte ich mich auf Fladenbrot, Rind- oder Hammelfleisch, Joghurt, frisches Gemüse der Saison, Oliven und Olivenöl um.

Zusammen mit Asma machte ich Tomatenmark aus reifen Tomaten, half beim Anstechen der Oliven, die dann gesalzen wurden, ausgegoren und schließlich in Öl gelagert. Aus Joghurt bereiteten wir *laban m´saffar* zu: Einige Liter Joghurt ließen wir über Nacht durch ein Tuch abtropfen. Die fertige quarkähnliche Masse richtete die Hausfrau dann zum

Frühstück frisch mit getrockneter Minze und Olivenöl an. Das war die ideale "kleine Mahlzeit" mit Fladenbrot.

Makdus ist eine damaszener Spezialität. Kleine Auberginen werden an der Seite aufgeschlitzt, gesalzen, ausgegoren und dann mit Walnüssen, Knoblauch und rotem Paprika gefüllt. In Öl eingelegt, bildeten die Makdus einen wichtigen Teil des Wintervorrats. Das erinnert daran, wie früher in Deutschland jede Familie ihr Sauerkraut für den Winter hergestellt hat. Auch hier in Damaskus kannte man es, Obst zu trocknen, Marmelade zu kochen, Kräuter zu trocknen, um im Winter Vitamine und andere Wirkstoffe zu bekommen.

Für den Wintervorrat waren auch noch viele andere Arbeiten im Sommer und Herbst notwendig: Weizenschrot in der Sonne auf dem Dach trocknen, Minze trocknen, zu Pulver verreiben und in Gläser füllen, Okra und grüne Bohnen putzen und trocknen zum Beispiel.

Karim brachte zwei Säcke grüne Bohnen, je 20 Kilo, für seine Familie mit. Innerhalb der nächsten drei Tage wurden sie für den Winter verarbeitet.

Besonders köstlich schmeckte mir die Aprikosenmarmelade aus ganzen Früchten. Wenn die Aprikosen in der heißen Sonne gereift sind, süß und aromatisch, kochten wir sie einmal mit Zuckerwasser auf. Dann wurden die Früchte auf Tabletts gelegt und in der Sonne auf dem Dach köchelten sie ein paar Tage vor sich hin. Täglich gewendet, dann in Gläser gefüllt, konnte man das Aroma des Sommers das ganze Jahr genießen.

Ich sah meiner Schwiegermutter zu, wie sie auf ihrer Terrasse saß und Petersilie sortierte, schnitt, dann auf einem Tablett Steinchen und Samen aus den Linsen las. Sie saß ruhig und entspannt da, bewegte sich ohne Hast. Ab und zu drehte sie sich nach den Jasminsträuchern um, schloss die

Augen und atmete den Duft ein. Sie unterhielt sich mit anderen Frauen der Familie. Ich dachte an Asma, wie sie abends am Ofen saß und Kohlröllchen wickelte, viele, viele kleine Röllchen. Dabei spielte sie mit ihrem Töchterchen Jasmin, der Fernseher lief, ihr Mann und ihr Schwager erzählten Geschichten.

Arbeit, Freizeit, Hobby, Handarbeit, das waren keine getrennten Bereiche. Die Arbeit mit den Gemüsen war Handarbeit. Ein Kohlröllchen oder eine Spinattasche war ebenso wie ein selbst genähtes Kleid oder ein gestrickter Pullover *schürrel idha*, eine Arbeit ihrer Hände. Die Frau konnte stolz darauf sein, den Nachbarinnen Kostproben schicken und Komplimente ernten.

Mir wurde hier in Damaskus eines bewusst: Die Hand ist ein Wunderwerkzeug.

Sie ist Essbesteck, Waschlappen, Bürste, Tasche, Zange, Becher, Maschine, Instrument und vieles mehr, alle diese Dinge haben nur die Hand ersetzt. Aber sie können es nicht besser machen. Die Hand arbeitet nicht nur, sie fühlt auch. Was wir mit der Hand machen, erleben wir tiefer und entwickeln eine Beziehung dazu.

"Warum sind die Europäer auf ihre kalten, harten Gabeln so stolz?", meinte dazu Abu Suher. "Ein primitiver Beduine im Zelt hat mehr von seinem Essen als ein Gast im besten Hotel in Paris, weil er alles nicht nur schmeckt, er fühlt es auch! Er greift das Brot, bricht es genau in die richtige Größe, fühlt die Wärme und die Beschaffenheit der Speise. Er ist sich nicht zu fein, hineinzugreifen. Als ob eine Gabel besser wäre als eine Hand!"

Ich erinnerte mich an den Wortlaut einer Reklame in Kanada. Ein kleines Instrument war erfunden worden, das Hamburger aus Hackfleisch formte, Oben sollte man das Fleisch direkt aus der Tüte hineinschütten. "And your hand needs never touch the meat." Die Hand braucht nie das Fleisch zu berühren. Toll! Warum eigentlich? Wo bleibt das Lebensgefühl? Ich knete gern Brotteig mit den Händen, mische Salat oder Hackfleisch. Ich fühle gern die Erde beim Einpflanzen von Blumen. Die Hand ist ein Teil von mir, der mit den Dingen in Berührung kommt.

Als ich zum ersten Mal sah, wie Karim nach dem Essen vom Tisch aufstand und sich wusch, musste ich lachen. Es war ungewohnt, was ich da sah. Er seifte die Hände gründlich mit grüner Olivenseife ein, seifte den Mund ein und putzte die Zähne mit den Fingern und dem Seifenschaum. Dann spülte er alles gründlich ab und trank Wasser aus den Händen wie aus einer Schale. Sauberkeit ist nicht von Waschlappen, Zahnbürste, Zahnpasta, Becher, Handtuch und Waschgel abhängig.

Die Frauen um mich herum hatten alle schöne Hände, glatte und zarte Haut trotz all der vielen Arbeit und ohne Kosmetikprodukte. Oder vielleicht gerade wegen der Arbeit? Sie gingen mit natürlichen Substanzen um, mit Gemüse, Salat, Olivenöl und Zitrone. Sie mischten den Salat immer mit ihren frisch gewaschenen Händen. Eine empfehlenswerte Vitaminkur!

Bei Um Jasin gab es Mehl zu kaufen. Ich machte ein verdutztes Gesicht, als ich zum ersten Mal sah, wie sie mit den Händen Mehl aus dem Sack schöpfte, um es in eine Tüte zu schütten und abzuwiegen. Kaum ein Stäubchen ging dabei verloren.

Wenn wir die Nahrung und die Rohstoffe mit den Händen berühren, haben wir auch mehr Respekt vor ihnen. Das Fleisch kaufen wir heute fertig geschnitten und verpackt, wir haben dabei nicht das gleiche Gefühl als wenn wir das Tier selbst geschlachtet haben oder beim Metzger das halbe Rind hängen sehen.

Mit einer automatischen Waschmaschine berühren wir das Wasser nicht mehr, darum macht es uns auch nichts aus, starke Chemikalien zu benützen und immer häufiger zu waschen.

Aus einer Werbung: "Wenn mein kleiner Junge sich mit Schokolade verschmiert, macht mir das gar nichts aus. Hinein in die Waschmaschine. Ich habe ja das starke X-Mittel."

Aus einer anderen Werbung: "Was, du rubbelst den Fleck? Einfach die X-Paste aufstreichen und weg ist er."

Wasser ist nichts Kostbares mehr. Wir nehmen immer den bequemen Weg. Auch auf Kosten der Umwelt.

Und das Brot? Wenn in Damaskus ein Stück Brot auf die Erde fiel, hoben es die Kinder schnell auf und küssten es und berührten damit die Stirn. *El hamd el Illah!* Preis sei Gott! Durch Berühren zeigten sie ihren Respekt vor dem Grundnahrungsmittel. Unzählige Pausenbrote werden in Deutschland täglich in den Mülleimer geworfen.

Wir sehen das Feuer unserer Heizung nicht mehr, es brennt einsam im Keller und nicht mehr mitten unter uns. Wir berühren beim Wäschewaschen kein Wasser, wir kneten keinen Brotteig, schlachten kein Tier. Nur darum können wir so achtlos verschwenden und beschmutzen. Wird ein Kind ein Stück Brot wegwerfen, wenn es gesehen hat, dass die Mutter um vier Uhr früh aufstand, um den Teig zu kneten?

Mein Leben in Damaskus hat mir die Augen geöffnet. Ich sah mich in eine andere Zeit versetzt, so ähnlich, wie es in Deutschland vor 100 Jahren gewesen sein muss. Ein ursprüngliches Leben mit viel Handarbeit. Ich sehe die Vorteile, aber auch die Schwächen unserer Zeit.

Ausdrücklich möchte ich nicht alles gut heißen, was ich dort sah. Die Gesellschaftsordnung, wo jeder seinen festen Platz hat, kann heute nicht mehr in dieser Form bestehen. Die Freiheit und Gleichheit des Einzelnen, besonders der Frauen, ist heute unverzichtbar. Aber ich sehe auch die Nachteile, die uns die Automatisierung und die Entfernung vom Ursprünglichen gebracht haben.

Give me money!

Wenn ich zur Schule fuhr, Elternabende oder Veranstaltungen in der Schule besuchte, spürte ich den Gegensatz der verschiedenen Lebenskonzepte ganz deutlich.

Wie lebten die Diplomatenfrauen, die Ausländer in der Stadt? Wie wurden sie mit dem Gegensatz der beiden Welten fertig? Viele waren wohlhabend, kauften nur in der Innenstadt ein, hatte Putzfrauen, die Wohnungen waren wie in Europa eingerichtet und ausgestattet. Für diese Frauen war der Gegensatz nicht so vorhanden wie für mich.

Mit einer Deutschen kam ich auf dem Spielplatz der Schule ins Gespräch. Sie klagte über Langeweile. Sie war erst kürzlich in Damaskus angekommen. Nach ein paar Wochen traf ich sie wieder, da war sie ständig in Eile, immer unterwegs zum Tennis, zu Reitstunden, zu gesellschaftlichen Verpflichtungen. Das war nicht meine Welt, es war klar, dass dieser Kontakt nicht für mich in Frage kam. Kontakt zur arabischen Bevölkerung hatte sie nur beim Einkaufen.

Eine Französin diskutierte mit mir die Putzfrauenfrage. Sie meinte: "Meine Putzfrau ist schlampig. Sie kommt manchmal zu spät und macht ihre Arbeit nicht ordentlich. Und da will die 20 Lira am Tag! Ich finde, wir verwöhnen die Leute zu sehr."

Wie bitte? Keine Araberin geht putzen außer aus blanker Not. Jede arabische Hausfrau hat mehr als genug im eigenen Haushalt zu tun. Diese Ausländerin - dieser Kontakt kam für mich auch nicht in Frage - wusste, dass die Flüchtlingsfrau, die bei ihr arbeitete, fünf Kinder hatte und kein anderes Einkommen, als was sie mit Putzen verdiente.

Wer passte auf die Kinder auf, wenn sie arbeiten ging? Für 20 Lira sollte sie von acht Uhr früh bis drei Uhr nachmittags fremde Fußböden schrubben. Oft versorgte ein Mädchen von acht oder zehn Jahren die Kleineren und machte die Hausarbeit. Die Mutter hoffte, dass sie bei ihrem Arbeitgeber etwas Nahrhaftes zu essen bekam, denn die 20 Lira reichten nur für Brot, Milch und etwas Gemüse für die Kinder. Gar nicht für Fleisch oder für Kleidung. Und was bedeutete 20 Lira für die Französin? Einen Haarschnitt, ein T-shirt oder eine Taxifahrt zum Markt. Ihr Mann verdiente sein Geld in Franc oder in Dollar, was der Familie ermöglichte, in großem Stil zu leben. Ein möbliertes Luxusappartement, eine hohe gesellschaftliche Stellung, Lunch mit Freundinnen im Meridian Hotel, Dinnerparties in Diplomatenkreisen. Die Französin erzählte mir, dass ihr Mann die Möglichkeit hatte, wieder in Frankreich zu arbeiten, aber sie wollten lieber im Ausland bleiben. In Europa ein kleiner Fisch, im Ausland ein Leben im Luxus. Ich wusste zu viel über das Leben der Frauen im Land. Warum bezahlte die Frau ihre Putzhilfe nicht angemessen? Ich ärgerte mich über das achtlose Ausnutzen der Not anderer.

Eines Tages kam im Jahez-Park eine ältere, dicke Frau auf mich zu und fragte, ob ich Deutsche wäre. Sie hatte einen Brief von einer früheren Arbeitgeberin erhalten und bat mich, ihn zu übersetzen. Da stand ungefähr:

"Liebe Fatma,

Ich möchte dir nochmal für alle deine Hilfe danken. Was hätte ich ohne dich gemacht? Wie oft hast du mir Kaffee gekocht, und mich versorgt, wenn ich krank war. ... Lebe wohl und herzliche Grüße   deine ..."

Hier waren eine Deutsche und ihre arabische Putzfrau sich menschlich begegnet. So ging es also auch! Wie sehr mich das freute! Fatma weinte, und auch mir kamen ein paar Tränen der Rührung. Sie erzählte mir von der Verfasserin des Briefes und endete:

"Ich bin sicher, dass Deutschland ein wunderbares Land sein muss. Was für eine gute Frau! Alles, was ich anhabe, hat sie mir geschenkt."

Und sie zeigte mir, was sie anhatte, und wir mussten lachen. Am Anfang war ich misstrauisch gewesen und hatte befürchtet, dass der Brief und die rührende Geschichte ein Trick zum Betteln sein könnten, aber sie wollte nichts von mir, nur den Brief wollte sie beantworten.

Noch drei andere Putzfrauenschicksale kannte ich, eines trauriger als das andere.

Chadische hatte drei Kinder unter fünf Jahren und war wieder schwanger. Ihr Mann war Invalide ohne Einkommen und außerdem faul und herrisch. Er hatte Chadische, die dunkelhäutig war und nicht als hübsch galt, als zweite Frau geheiratet. Er schien seine erste Frau, die keine Kinder bekommen konnte, zu bevorzugen und Chadische nur auszunutzen. Sie bekam die Kinder und sie ernährte die Familie mit Putzarbeit. Von alledem wusste ich nichts, als mir jemand diese Frau als Putzhilfe empfahl.

Sie arbeitete nur einmal bei mir, denn ich kam mit der Situation nicht zurecht. Ich hatte mir vorgestellt, dass das Putzen eine normale Arbeit wäre. Hier in Syrien war es ein letzter Ausweg in Notsituationen. Chadische war verschlossen und unzugänglich, stoisch ihrem Schicksal ergeben. Sie hätte mich für verrückt erklärt, wenn ich ihr etwas von Gleichberechtigung erzählt und davon, dass das Schicksal nicht vorgezeichnet ist.

Eine Bekannte erzählte mir, dass sie eine etwa 40-jährige Fatma einstellte, die zunächst tüchtig arbeitete. Jeden Morgen kam sie mit dem Bus aus einem Dorf außerhalb von Damaskus. Ihr Mann war arbeitslos, sie hatte 10 Kinder. Die Ungerechtigkeit war offensichtlich, denn es gab in Damaskus keine Arbeitslosigkeit, die meisten Männer betrieben einen kleinen Handel auf der Straße oder zumindest einen Schuhputzstand, also eine selbstständige Unternehmung. Manchmal blieb Fatma weg, manchmal arbeitete sie nicht gut, lustlos. Sie fühlte die Ungerechtigkeit, dachte an Scheidung, inzwischen erwartete sie ihr 11. Kind, …

Von einem anderen Frauenschicksal hörte ich noch. Diese Frau, deren Namen ich nicht kenne, hatte sich beim Hantieren mit dem Gaskocher verbrannt und ihr Gesicht war entstellt. Ihr Mann verließ sie. Jetzt verdiente sie ihren Lebensunterhalt mit Putzen. Aber sie kam zurecht, denn für eine einzelne Person ohne Kinder reicht das Geld wenigstens zum Essen.

So war das Leben ohne Sozialversicherung. Alle Probleme wurden innerhalb der Familie geregelt. Wer keine Familie hatte, war schlecht dran. Wenn ein Ehemann stirbt, muss der Vater, Bruder oder Sohn für eine Frau aufkommen. Die Situation, dass eine einzelne Frau für ihren Lebensunterhalt arbeiten muss, gibt es nur in ganz seltenen Ausnahmen.

Eine Nachbarin war Witwe geworden, sie hatte drei kleine Buben. Die Familie des Mannes bezahlte für ihren Lebensunterhalt. Würde sie noch einmal heiraten, wäre der neue Ehemann dazu verpflichtet, kann aber die Kinder ablehnen und sie würden dann zur Familie des verstorbenen Mannes gehören.

Es gab so viel echte Not, und es war schwer, zwischen echter und gespielter Not zu unterscheiden. Bettler und Zigeuner arbeiteten manchmal mit Tricks, und lebten oft recht gut davon.

Eines Tages war ich auf dem Weg zur Schule und musste an einer roten Ampel halten. Das Fenster war herabgelassen, weil es sehr heiß war. Da sprach mich ein zerlumpter, fast zahnloser Alter an. Ich sprach Englisch, um ihn loszuwerden. Da schlug er mir kumpelhaft auf die Schulter und rief: "Yes, yes, give me money." Glücklicherweise wurde es gerade grün und ich fuhr los. Ein Bettler mit Fremdsprachenkenntnissen!!!

Bei einem Ausflug außerhalb der Stadt saßen wir im Gras und machten ein kleines Picknick. Zwei dicke Zigeunerinnen kamen heran und baten um etwas zu essen. Sie bekamen belegte Brote und setzten sich auf den Boden, um zu essen. Wir hatten sie schon fast vergessen, als sie sich als Wahrsagerinnen anpriesen. "Wir sagen ihnen alles, die Gegenwart und die Zukunft!" Sie holten ihre Muscheln hervor und warfen sie auf ein Tuch. Mein Schwager gab ihnen ein paar Lira und sie begannen zu erzählen.

"Du bist nicht verheiratet, aber du suchst eine Frau. Du hast einen interessanten Beruf, vielleicht Arzt, nein, nicht Arzt, vielleicht Lehrer, nein, nicht Lehrer, du bist Ingenieur! Du möchtest heiraten und deine Mutter hat sich schon nach einer Frau für dich umgesehen, ja! Und du wirst bald eine tolle Frau finden."

Wir waren verblüfft. Bisher stimmte alles. Woher konnten sie das wissen? Waren sie wirklich mit der Gabe ausgestattet, wahrzusagen? Noch einige Scheine wechselten die Besitzer. Immer wieder waren wir erstaunt über treffende Aussagen. Alle unsere Namen konnten sie erraten. Außer meinem.

Erst als sie wieder weg waren, kamen wir langsam auf die Geheimnisse ihrer Erfolge.

Zuerst baten die beiden um Essen, was ja selten verweigert

wird. Sie saßen dann genau so weit entfernt, dass sie noch unsere Gespräche oder große Teile der Gespräche hören konnten, sie selbst aber nicht direkt wahrgenommen wurden. Sobald sie genug gehört hatte, begannen sie mit dem Wahrsagen, verblüfften ihre Kunden mit dem Wissen über die Familiensituation.

Die Namen errieten sie mit einer Lauttechnik. Fragt man zum Beispiel nach einem Namen, beginnt die eine damit, Muscheln zu werfen und schnell und undeutlich Laute auszustoßen, unverständlich zu sprechen. Die andere beobachtet die Gesichter der Kunden und merkt sofort, wenn die richtigen Laute ertönen. Sie ist Meisterin darin, Gesichter zu lesen. So wird der richtige Name oder das richtige Wort schnell mit Hilfe aller gefunden. Natürlich konnten sie meinen Namen nicht erraten.

Diese beiden waren schon Könner ihres Fachs. Andere Wahrsager geben eher Allgemeinsprüche von sich, die immer gern gehört werden.

"Die Geburt mehrerer Söhne steht in den nächsten Jahren bevor.

 Du bist zu Hause tonangebend. Dein Mann ist verliebt in dich."

Wer möchte das nicht gerne hören und gibt ein paar Lira aus?

Die erfolgreiche Methode der Zigeunerinnen hatte nur den Nachteil, dass sie dabei dick wurden.

Die größten Steine

Die Menschen um mich herum lebten 24 Stunden am Tag mit ihrer Religion, jeden Tag ihres Lebens. Geburt, Heirat und Tod, Schlafen und Wachen, Essen und Hungern, Sauberkeit, Arbeit und Feiertage, Reiche und Arme, Gast, Bettler, Waisen, Händler, Eltern und Kinder, alles wurde eingefasst im Rahmen der Religion.

Die Religion, der Islam, hilft hier den Menschen, mit ihrem Klima und ihren Lebensbedingungen besser zurechtzukommen. Sie regelt die gegenseitige Verantwortung in der Familie. Und die Stellung des einzelnen Menschen, so dass er sich als Teil eines Ganzen empfindet. Sie bestimmt außerdem den Alltag durch die Vorschriften zum Waschen und Beten, und bietet eine Art Überlebenstraining in Form von Fasten an.

Der Schwerpunkt lag hier auf Überleben, nicht auf Lebensgenuss oder Konsum. Das tägliche Beten half den Menschen, in ihrem harten Alltag ausgeglichen zu sein und sich selbst nicht zu wichtig zu nehmen. Wer fünfmal am Tag am Boden kniet, die Erde mit der Stirn berührt, kann sich nicht als Nabel der Welt empfinden.

Der einfache Mann oder die einfache Frau bekam Ansehen und Ehre durch die Pilgerfahrt, die oft das größte Ereignis im Leben darstellte und wonach sie mit "*Hadsch*" oder "*Hadsche*" angesprochen wurden. Mit dem Fastenmonat war auch klar: Wer sich anpasst, wer sich auf harte Lebensbedingungen einstellen kann, wer stark ist, überlebt.

Ein Bekannter, der als junger Jordanier nach Kanada kam, erzählte mir lachend: "Wir Araber sind so viel härter als ihr, wir können mehr aushalten. Als Kinder warfen wir Steine in die Luft und ließen sie auf unsere Köpfe fallen. Wer die größten Steine ertragen konnte, war Sieger."

Krankheit ist unter diesem Gesichtspunkt auch nur ein Prüfstein der Kraft eines Menschen. Krankheiten wurden von den Menschen um mich herum grundsätzlich verschwiegen oder untertrieben, ganz im Gegensatz zu dem, was ich von Deutschland her gewöhnt war. Es ist peinlich zuzugeben, dass du schwach bist, dass du deine Aufgaben nicht erfüllen kannst, dass du nicht so fit bist wie andere.

Ich saß im Wartezimmer eines praktischen Arztes und eine Frau neben mir fiel wie ein Sack bewusstlos zu Boden. Wenig später hörte ich den Arzt aus dem Sprechzimmer brüllen: "So weit lässt man es kommen, bevor man zum Arzt geht??? Wenn die früher gekommen wäre, hätte sie nur ein Medikament nehmen müssen, jetzt ist ihr Leben in Gefahr!"

Bei den Bauern und Nomaden war dies noch mehr der Fall als bei den Städtern. Keine Schwäche zeigen, Stärke trainieren, Krankheit ist peinlich, man spricht nicht darüber.

In der Großfamilie, in der Sippe, ist ein Menschenleben weniger wichtig als das Überleben aller. Der Einzelne setzt seine ganze Kraft ein, um in der Familie etwas aufzubauen. Es gibt ja kein Sozialsystem, die Familie ist die Lebensgrundlage, die auf alle Fälle erhalten werden muss.

Weil die Menschen größere Probleme haben als im gemäßigten Klima, regen sie sich oft über kleinere Vorfälle, oder über Vorhaben, die nicht so klappen wie geplant, gar nicht auf. Eine Stunde zu spät, eine Kinderkrankheit, ein unerwarteter Besuch, eine späte Schwangerschaft, ein kleiner Unfall, das gehört zum Alltag. Man sagt: "*El hamd el Illah!*", Gott sei gepriesen, dass nichts Schlimmeres passiert ist.

Derselbe junge Mann, der mir vom Steinewerfen erzählt hatte, suchte sich kurz darauf eine Frau. Auch in Kanada gab es unter Arabern oft arrangierte Ehen. Er sah sich mehrere Mädchen an, die meistens nur kurz mit ihm sprechen durften. Bei einem offenen Gespräch erklärte er mir:

" Ich suche eine Frau, die richtig lachen kann. Was soll ich mit einer Frau anfangen, die mich nach der Arbeit zu Hause mit schlechter Laune empfängt? Wenn ich müde und kaputt von der Arbeit komme, soll sie mich so anstrahlen, dass ich alles vergesse, was ich an Ärger den ganzen Tag über hatte."

Er wählte ein kleines, dickes Mädchen mit vorstehenden Zähnen, weil sie Humor hatte und herzlich lachen konnte.

Baklava

Das Fest *Id el Fitr* beginnt gleich nach dem Fastenmonat Ramadan und dauert drei Tage. Für die Frauen bedeutete dies, vorher das ganze Haus zu putzen, bis alles funkelte und glänzte. Alle, auch die Kinder, bekamen neue Kleidung, die erst am Morgen des Festtags angezogen wurde. Die Tage vor dem *Id* vergingen schnell, zwischen Putzarbeiten, Gängen zur Schneiderin, dem Einkaufen von Süßigkeiten, Nüssen, Kaffee und Obst, Backen und Kochen. So war es sicher auch in Europa vor den Feiertagen, nur dass hier ja gleichzeitig noch gefastet wurde.

Das Ende des Fastenmonats richtet sich nach dem Mond, sodass das Fest auch nicht in allen moslemischen Ländern gleichzeitig beginnt. Der Wetterdienst beobachtete den Mond und wir wussten oft einen Tag vorher noch nicht, ob das Fest beginnen würde oder nicht.

Zu meinem Erstaunen hörte ich die Nachbarin sagen: "Ein Glück, dass noch einen Tag länger Ramadan ist, mein Kleid ist nämlich noch nicht fertig." An das Fasten hatten sich alle gewöhnt, jetzt war es wichtiger, dass alles für das Fest bereit war.

Am Morgen des *Id* gingen die Männer etwa um vier Uhr früh zur Moschee. Danach fing für die Erwachsenen das Besuchen an, zuerst die näheren Verwandten, dann die etwas entfernteren und später Freunde und Nachbarn, drei Tage lang. Die Straße war heute ein festlicher Anblick, alle Menschen trugen neue Kleider, die Kinder bekamen Taschengeld und genossen so viel Freiheit wie sonst nie. Auf den Straßen waren Schaukeln und Süßigkeitenstände aufgebaut. Alle Geschäfte waren geöffnet, überall konnte man Spielsachen kaufen.

In der Stadt gab es auch Karussells, Boxautos und Riesenräder, aber in den ärmeren Vierteln ließen sich die Kinder von großen Jungen für 20 Ursch auf einer Schaukel anschubsen und hatten auch riesigen Spaß dabei.

Bei den Familienbesuchen gab es überall starken Mokka, süßes Gebäck mit Nüssen und Zuckersirup, also Baklava, Obst und Schokolade.

Wenn es für mich bewundernswert und erstaunlich war, wie die Leute den Fastenmonat überstanden, so war es fast noch erstaunlicher, wie sie die Festtage überstanden. Wer eine große Familie hatte, machte zehn bis zwanzig Besuche am Tag und jedes Mal tranken alle starken Mokka, aßen süße, schwere Kuchen, verschiedene Obstsorten und Nüsse. Und das nach einem Fastenmonat! Der Alltag und der Festtag unterschieden sich hier wirklich.

Warum aßen und tranken die Menschen jetzt im Überfluss? Warum gaben Kinder, die das ganze Jahr über kaum einmal Geld in der Hand hatten, alles mit vollen Händen aus? Das Leben im Orient ist wechselhaft. Der Regen kann stärker oder schwächer ausfallen, es können, wie in der Bibel, fette Jahre oder magere Jahre folgen. Jeder kann sparen und sich einschränken, aber am Feiertag kann das Essen nicht genug, die Kleidung und der Schmuck nicht prächtig und teuer genug sein. Wer sonst kaum Brot zu essen hatte, leistete sich jetzt Leckereien.

So war es auch beim Opferfest, das im elften Monat des Mondjahres stattfindet. Beim *Id el Adha,* dem Opferfest, muss jede wohlhabende Familie dem Einkommen entsprechend Schafe schlachten und an arme Verwandte oder andere Bedürftige verteilen. Gleichzeitig findet die

Wallfahrt nach Mekka statt. Die Schlachtungen zu Hause sind am gleichen Tag wie das Schlachtopfer in der Ebene Arafat, das den Abschluss der Pilgerfahrt bildet. Danach bauen die Angehörigen der Pilger große Tore aus Zweigen und Fahnen, um den bald heimkehrenden *Hadsch* oder die *Hadsche* zu begrüßen.

Wir waren bei Um Hisham zum Opferfest eingeladen. Leider bekamen wir von drei geschlachteten Schafen nur die gekochten Köpfe und die gereinigten, mit Reis und Gewürzen gefüllten Därme zu essen. Das ganze Fleisch war an Arme verteilt worden.

Keine Cousine

Im zweiten Jahr meines Aufenthalts in Damaskus führten wir eine Wochenendehe. Hisham arbeitete bei einer Firma in Amman, Jordanien, und kam nur samstags und sonntags nach Damaskus. Ich wollte ihn auch in Amman besuchen und die Stadt kennen lernen. Allerdings gab es vorher noch einige Probleme mit den Behörden.

Ich hatte es versäumt, mich nach meiner Ankunft aus dem Urlaub in Deutschland wieder beim Innenministerium zu melden. Dummerweise dachte ich, dass mir als Frau eines Syrers nichts passieren könnte. Doch als die Familie darauf aufmerksam wurde, war meine Lage schon kritisch und offiziell drohte mir eine Gefängnisstrafe. Ich kannte sogar eine deutsche Frau eines Syrers, die wirklich inhaftiert wurde, weil sie es auch vergessen hatte, sich zu melden und ihr Mann dann auf dem Amt sehr undiplomatisch war. Er hatte eine Aufenthaltserlaubnis verlangt, anstatt darum zu bitten.

So wollten wir es also nicht machen. Hisham ging zum Ministerium, mit einem Vorrat an gutem Rasierwasser für die Beamten im Gepäck, unser vierjähriger Sohn begleitete ihn. Der Beamte hatte schlechte Laune, er meinte, dass so ein Verstoß gegen die Vorschriften sehr wohl bestraft werden müsste. Was sollten wir nur machen? Die Lage war ernst. Während alle noch diskutierten, kam ein Beamter zur Tür herein, mit einem Arm voll frischem Fladenbrot. Ein herrlicher Duft verbreitete sich im kargen Amtszimmer. Unser lieber Sohn schnupperte und rief auf Arabisch aus:

"Kann ich auch Brot haben? Ich hab so einen Hunger!"

Das Eis war gebrochen. Alle Männer schmunzelten und freuten sich über das tadellose Arabisch des Kleinen. Das war kein Ausländerkind, das konnte man hören. Wie sollte man dann der Mutter den Aufenthalt verweigern? Nach drei Minuten war alles erledigt. Der Kleine bekam einen Fladen, der Vater ein gestempeltes Dokument. Nicht einmal Rasierwasser wurde benötigt! Danke, mein Söhnchen!

Für die Reise nach Jordanien benötigte ich nun, nachdem ich erst einmal ordnungsgemäß hier wohnhaft war, ein Ausreisevisum, um Syrien zu verlassen, und danach ein Einreisevisum für Jordanien.

Dann, an einem Freitag, ging es los. Die drei Kinder und ich waren in unserem alten Golf unterwegs in Richtung Jordanien. Der Abstand zwischen den Dörfern wurde immer größer. Diese Landschaft mit Namen Horan war einst die Kornkammer Roms. Die Dörfer sahen kahl und arm aus, rohe Steinwände ohne eine Spur von Grün. Die fruchtbaren Felder werden bewässert und liefern mehrere Ernten im Jahr. Es wurden Getreide, Gemüse und Hülsenfrüchte angebaut. Hier war die Erde rot, ein wenig später sahen wir eine Gegend mit schwarzer Erde, auch die Häuser waren aus schwarzen Basaltquadern gebaut. Nur die Fensterläden und Türrahmen waren in hellen Farben, meist türkis oder blau, gestrichen.

Zwischen den Dörfern lag kahles, weites Land mit baumlosen Hügeln, Die Straße war sehr schlecht und wir mussten unaufhörlich Lastwagen überholen. Dies ist die Straße der Trucker, die von Europa bis Kuwait und Saudi-Arabien Waren transportieren.

Endlich waren wir an der jordanischen Grenze angekommen. Jeder Wagen wurde dort gründlich untersucht, auch von unten. Am Visaschalter begegnete ich Truckern und einigen Touristen.

Sofort nach dem Grenzübertritt sah ich, dass Jordanien westlich orientiert war. In einer netten Snack Bar gab es Hamburger und Wiener Würstchen (aus der Dose) zu Ausländerpreisen. Die Straßen waren in einem besseren Zustand und es gab mehr Verkehrsschilder.

Ein kurvenreiche, gebirgige Strecke führte nach Amman. Zunächst war ich von den westlichen Einflüssen begeistert. Die Villenviertel, die öffentlichen Bauwerke, die Supermärkte! Aber wer konnte sich das alles leisten? Es gab einen starken Gegensatz zwischen arm und reich. Nur die Oberschicht konnte es sich leisten, in den Supermärkten einzukaufen oder in einer Snack Bar zu essen.

Im Syrien der 70er war das anders. Es gab Einfuhrbeschränkungen auf alle Waren, die auch in Syrien produziert werden konnten. Man mag ja über die syrischen Waschmaschinen mit der offenen Trommel denken wie man will, aber die konnte sich jeder leisten. Textilien, Wäsche, Strickwaren, Stoffe, Konserven, Pappe und Papier, Seife, Waschpulver, Waschmaschinen, Kühlschränke, alles wurde in Syrien im Land produziert. Das schaffte Arbeitsplätze und eine Mittelschicht. Das Verhältnis zwischen den angebotenen Produkten und dem Geldbeutel des einfachen Mannes war viel günstiger als in Jordanien. Solche Gedanken gingen mir durch den Kopf beim Vergleich der beiden Länder zur damaligen Zeit.

Mehrmals unternahm ich solche Fahrten nach Amman, wo wir in einem schönen Appartement der Firma übernachten konnten. Den Luxus im amerikanischen Stil genossen wir schon, wir waren nicht mehr an Teakholzmöbel,

Teppichböden, moderne Bäder und Einbauküche gewöhnt.

Nach einem dieser Aufenthalte packte ich eines Sonntags etwas Proviant ein und wir fuhren los in Richtung der syrischen Grenze. Nicht weit von Amman führte die Straße an Jerash vorbei, dem biblischen Jerasa, einer der besterhaltenen römischen Provinzstädte. Unglaublich, wie das Forum, das Theater und die Hauptstraße noch ein lebendiges Bild vom Leben vor 2000 Jahren wiedergaben. Die Kinder liebten es, auf den weiten Plätzen zu rennen und sich hinter Säulen zu verstecken.

Dann nahte die Grenze, die Formalitäten für uns und das Auto hielten uns etwa eine halbe Stunde auf. Kaum in Syrien, entdeckte ich, dass Hishams Pass zwischen den Autopapieren lag! Was tun? Wie sollte er ohne Pass aus dem Land herauskommen? Also beschloss ich, gleich umzukehren und den Pass zurückzubringen. Nochmals durch den Zoll!

Dann, im Niemandsland zwischen Syrien und Jordanien, passierte es: eine Reifenpanne! Hatten vielleicht spitze Steine auf der Straße gelegen? Grenzsoldaten erschienen und halfen mir beim Reifenwechsel. Weiter ging es in der beginnenden Dämmerung. Schon näherten wir uns wieder Jerash. Plötzlich wackelte der Wagen seltsam. Im gleichen Moment tauchte neben der sonst unbewohnten Stecke eine Imbissbude auf. Ich hielt an. Ein zweiter Reifen war platt.

Es war etwa halb acht. Ich fühlte mich plötzlich schrecklich verlassen und ratlos. Die Kinder waren alle drei längst eingeschlafen.

Einige Buben kamen aus dem Rasthaus und betrachteten uns und das Auto neugierig. Ich erklärte ihnen, dass ich meinen Ersatzreifen gerade schon benützt hatte. Die Mutter erschien, eine bäuerlich gekleidete Frau mit hübschem

Gesicht. Nach langer Beratung erklärte einer der Jungen, er wollte per Anhalter mit dem Reifen nach Jerash fahren, um den Reifen flicken zu lassen. Mir war gar nicht wohl in meiner Haut.

Ich bestellte Brot und gekochte Eier, wir hatten Hunger, aber keinen Appetit. Es wurde kühl auf den Stühlen im Freien. Der Junge kam mit dem Reifen zurück: alle Reparaturwerkstätten in Jerash hatten schon geschlossen.

Da standen wir uns gegenüber: meine Kinder und ich und diese Familie, die sich hier mitten in einer menschenleeren Landschaft eine Existenz aufgebaut hatte. Ihr flaches Haus aus rohen Mauern lag neben der kleinen Bude, wo Lastwagenfahrer gelegentlich anhielten und ein Sandwich kauften.

Ein Lastwagenfahrer sprach uns an und bot an, den Reifen mitzunehmen und reparieren zu lassen. Ich war dankbar und gab ihm den Reifen.

Höflich und distanziert bat uns die Frau herein ins Haus, es war schon dunkel und kalt geworden. Das Haus, das wir betraten, hatte vier Räume: eine Küche, einen Aufenthaltsraum, einen Schlafraum, in dem eine lange Reihe von Matratzen zu sehen war, und einen Schafstall. Das einzige Möbelstück im Haus war ein Blechschrank im Wohnzimmer, in dem Geschirr aufbewahrt und ausgestellt war.

Wir saßen alle im Wohnzimmer und blickten auf den Fernseher, wo gerade westliche Produkte angepriesen wurden, amerikanische Reklame.

Der Hausherr saß auf einer Matratze, mit einer zweiten gerollten Matratze als Armstütze. Er vermied es höflich, mich anzusehen. Weil kein anderer Raum da war, war er gezwungen, mit einer unverschleierten Frau im gleichen

Zimmer zu sitzen, dafür tat er so, als ob ich nicht da wäre, und vermied es, in meine Richtung zu schauen. Ich hatte als Gast ebenfalls eine Matratze erhalten, deshalb musste die Frau, die etwa im siebten Monat schwanger war, neben ihrem Mann auf dem Teppich sitzen. Peinlich für mich, aber nicht zu ändern. Neun Kinder hockten ebenfalls auf dem Teppich, auf der anderen Seite des Raumes. Im Hintergrund lag noch ein schlafender Alter. In einer Ecke waren weitere Matratzen gestapelt, alle sauber und mit gutem, buntbedrucktem Baumwollstoff bezogen.

Der Ofen verbreitete wohlige Wärme. Meine Kinder schliefen schnell ein. Die Unterhaltung zwischen dem Ehepaar und mir zog sich schleppend dahin. Es erschien mir unwirklich, dass im Fernsehen eine Werbesendung aus Deutschland lief. Der Mann sprach mich immer mit "*Ja, binnet*". (oh, Mädchen) an, ohne aufzublicken. Ich beantwortete seine Fragen, so gut ich konnte, blickte starr auf den Bildschirm und tat so, als ob mich die arabische Familienserie brennend interessieren würde. Wie lange würde ich wohl hier bleiben müssen und diese Familie stören?

Auf dem Ofen wurde Tee bereitet. Er war so süß, dass ich ihn kaum schlucken konnte. Ich ließ etwa die Hälfte im Glas und beging damit einen Fehler. Neuer Tee wurde gekocht, mit etwas weniger Zucker. Wieder ließ ich etwas im Glas. Das hätte ich wissen sollen, es war ein Zeichen für die Hausfrau, dass ich nicht zufrieden war. Nun versuchte sie es mit Kaffee, meine Reste durften immer ihre Kinder austrinken. Endlich hatte ich verstanden, wie ich mich verhalten musste, ich schlürfte den Kaffee vollständig auf, um die Hausfrau endlich zu beruhigen.

Die kleineren Kinder der Familie schliefen eines nach dem anderen ein und wurden von älteren Mädchen in das große Schlafzimmer gebracht. Die Einfachheit dieses Lebens beeindruckte mich. Ein Kind lag neben dem anderen in der Reihenfolge des Einschlafens. Ich dachte an Bettzeiten in Deutschland, Kuscheltiere, Angst vor dem Dunkeln, Gitterbettchen, Schlaflieder. Wenn diese Kinder einmal groß sind, haben sie für immer das Gefühl der Zusammengehörigkeit. Alleinsein haben sie nie kennengelernt.

Einige Stunden vergingen so. Ich hatte Angst davor, hier übernachten zu müssen. Ich fühlte mich fremd bei diesen freundlichen Menschen, deren Leben so anders war als meins. Das Familiengefüge, die patriarchalische Rangordnung, die Tatsache, dass der Mann es vermied, mir in die Augen zu sehen, war mir unheimlich.

Endlich kam mein Reifen repariert zurück, nichts hielt mich mehr. Ich bettete die Kleinen ins Auto, bedankte mich bei allen für die Hilfe und verabschiedete mich.

Als ich um Mitternacht bei der Wohnung ankam, war ich erschöpft und erleichtert. Von nun an würde ich nur noch mit dem Bus nach Amman fahren.

Eine Woche später brachte mein Mann meiner Gastgeberfamilie als Dankeschön eine Schachtel Baklava. Er traf die Frau beim Wasser holen an. Während sie sich mit ihm unterhielt, ließ sie den vollen Kanister auf dem Kopf, denn es ist viel schwerer, ihn abzusetzen und dann wieder hochzuheben als ihn die ganze Zeit zu tragen.

Der Mann kam dazu und fragte: "Warum hast du eine fremde Frau geheiratet?"

Hisham suchte nach einer passenden Antwort. An der Kleidung der Frau erkannte er, dass die Familie zu einem Beduinenstamm gehörte und noch nicht lange sesshaft war. Er würde nichts von Studium und Auslandsreisen verstehen. Wie konnte er ihm das erklären?

Also sagte er einfach: "Ich hatte keine Cousine."

Jetzt war der Mann zufrieden. "Ach, so. Ja, dann ..."

Er selbst hatte natürlich, wie üblich, seine Cousine geheiratet. Stolz und zufrieden verabschiedete er sich.

Mit anderen Augen

Einige Wochen später fuhr ich mit dem Bus von Amman nach Damaskus zurück. Dieser war immer gut gefüllt, aber eine ungewöhnlich gekleidete Frau fiel mir auf: langer Jeansrock, einfache Bluse, ein Hut und weiße Fingerhandschuhe. Wir kamen ins Gespräch und sie erzählte mir, dass sie Australierin war und die Ausgrabungen und Sehenswürdigkeiten des vorderen Orients besichtigte. In Jordanien hatte sie eine Woche bei Freunden verbracht, die dort eine Ausgrabung leiteten.

Zu Hause in Sydney hatte sie ein Haus mit Garten, Kinder und Enkel. Alle zwei Jahre leistete sie sich eine solche Reise. Sie glaubte, dass ihre Aufmachung unauffällig aussah und hatte Handschuhe an, um sich nicht mit Krankheiten anzustecken. Wir unterhielten uns angeregt bis zur syrischen Grenze. Dort sah es allerdings so aus, als wäre die Unterhaltung beendet. Man wollte sie nicht weiterreisen lassen, weil die jordanische Behörde, die das Visum ausgestellt hatte, einen Stempel vergessen hatte. Schließlich gelang es Alice - so hatte sie sich mir vorgestellt - die Grenzbeamten damit zu beeindrucken, dass sie sich bei König Hussein persönlich über sie beschweren wollte. Er käme fast täglich zu der Ausgrabung, wo ihre australischen Freunde arbeiteten, und wäre ein guter Freund.

Ich habe nie herausgefunden, ob das stimmte, aber es wirkte. Die Grenzbeamten wollten keinen Ärger bekommen und erteilten eine Sondererlaubnis.

Weiter ging die Fahrt. Ein junger Araber, der auf der anderen Seite des Ganges saß, machte sich über Alice lustig und flüsterte mir auf Englisch zu: "Eine alte Jungfer!" Das kam von ihrem Aussehen, ihr Outfit war höchst ungewöhnlich für Syrien.

Ich sagte zu ihm:"Das stimmt nicht. Sie hat eine Familie, sie hat Kinder und Enkel!"

Sofort entschuldigte er sich. Eine Mutter und Großmutter konnte man nicht beleidigen.

In Damaskus angekommen, verabredeten wir uns für den nächsten Tag. Ich wollte ihr etwas von der Stadt zeigen.

Am nächsten Morgen. Meine Schwägerin war bereit, an diesem Tag meine Kinder bei sich zu haben. Gut gelaunt wollte ich Alice abholen und fand sie schwer erschüttert vor.

Das ziemlich teure Hotel, das sie von Jordanien aus gebucht hatte, war schmutzig und es gab nichts zu essen. Sie hatte sich am Abend nicht mehr auf die Straße getraut und ging deshalb ohne Abendessen ins Bett. Als Frau allein im Orient zu reisen war wirklich nicht einfach. Spontan lud ich Alice ein, einige Tage bei mir zu übernachten. Auf diese Weise lernte sie mehr vom Land kennen als im Hotel. Und ich hatte eine Abwechslung, konnte mal Englisch sprechen und meine Zeit mit einer unabhängigen, westlichen Frau verbringen. Ich freute mich auch darauf, als Touristin die Stadt zu besichtigen.

Zuerst wollten wir in einer Bank Geld wechseln. Zu unserem größten Erstaunen sagte der Angestellte: "Ich würde Ihnen nicht raten, hier Geld zu wechseln. Der Kurs ist sehr ungünstig. Sie bekommen im Souk el Hamadije fast doppelt so viele Lira für Ihre Dollars wie hier."

Na, ja. Wir fuhren mit dem Bus zum Souk. Der Souk el Hamadije, der alte Basar von Damaskus, ist ein ganzes Stadtviertel für sich, ein Gewirr von schmalen Gassen und breiten Geschäftsstraßen. Am Ende der Hauptgeschäftsstraße liegt die Omayadenmoschee, eine der heiligsten Stätten des Islam. Zu beiden Seiten der Moschee liegt der Souk, Gasse an Gasse, Geschäft an Geschäft. ein Einkaufszentrum, in dem man sich verlaufen kann. Der Koran schreibt vor, dass Geschäfte gleicher Art jeweils in der gleichen Straße nebeneinander liegen sollen, damit eine offene Konkurrenz stattfindet und der Kunde die Preise vergleichen kann.

Gleich am Eingang des Basars wurden wir auf Englisch angesprochen: "Möchten Sie Geld wechseln?"

Wir betraten ein Uhrengeschäft, das sich durch nichts von den anderen Uhrengeschäften unterschied. Alice, die sich im Orient auszukennen glaubte, wollte sofort handeln. Aber umsonst. Der Schwarzmarktkurs stand fest, und bitte, wir könnten es ja woanders versuchen. Also, gut, wir wechselten Geld.

Nun betraten wir die erste breite Geschäftsstraße. Hier hingen bestickte Gewänder und Kinderkleidung neben der Straße. Da wir uns auf Englisch unterhielten, wurden wir dauernd angesprochen und auf steilen Treppen zu Läden und Lagern führt. Alice probierte einige Kleider an.

"Wouldn´t it be fun for a party?"

Schließlich kaufte sie einen *Abaje*, einen schwarzen Umhang, den die Frauen in Saudi-Arabien tragen und ein weißes Männergewand für ihren Sohn. Wenn es heiß ist, gibt es nichts Angenehmeres als ein langes, weißes Gewand, meinte sie.

Hier könnte ich tagelang herumlaufen, beobachten, staunen, kaufen, ... Eine Straße für Schuhe, einige Straßen für Stoffe und Nähzubehör, eine Juweliergasse, Gewürzgasse, Papier- und Tütengasse, ...

Die Geschäfte für Kunstgewerbe sind gleichzeitig Werkstätten. Die Holzschuhe fürs *Hammam*, das arabische Bad, werden hier nach Maß gefertigt. Maschinengestickte Bettwäsche und Tischtücher, Lederschuhe, Holzarbeiten und vieles mehr kann man direkt in der winzigen Werkstatt kaufen.

Einige Läden haben eine Lizenz für Antiquitäten, hier garantiert man für die Echtheit der antiken Vasen, Münzen, Gewichte, Teppiche und Gewänder.

Schließlich kaufte Alice noch eine kostbaren Seidenbrokat für ein Kleid.

"Ich kam ja nur her, um mir alles anzusehen. Aber es wäre eine Schande, den Souk von Damaskus zu sehen und nichts zu kaufen."

Als wir wieder zu Hause waren und für das Abendessen einkauften, ging ich neben Alice die Straße entlang und sah meine normale, vertraute Umgebung mit anderen Augen. Ich sah vieles, was ich schon lange nicht mehr bemerkt hatte: die elektrischen Leitungen hingen an einigen Stellen fast bis zum Boden herunter. Bäume wuchsen in die Leitungen hinein, Löcher und Risse, Holzbalken und große Steine machten das Vorankommen auf dem Gehweg schwierig. Im Fenster des Fleischers hing ein halbes Schaf, von dem er gerade Stücke abschnitt. Vor dem Papierwarenladen saß der Besitzer auf der steinernen Türschwelle und trank Tee.

Als wir eingekauft hatten und heim gingen, lief Alice neben mir her, 30 Eier offen auf einem Karton in der Hand und murmelte immer wieder:

"It´s incredible! It´s incredible!"

Dabei handelte es sich hier doch nur um meinen ganz normalen Alltag.

Am nächsten Tag wollte Alice eine organisierte Busfahrt nach Palmyra mitmachen. Abends um 11 Uhr wollte sie wieder bei mir sein, sie hatte einen Arabisch geschriebenen Zettel mit meiner Adresse bei sich, den wollte sie abends dem Taxifahrer zeigen.

Am Abend wartete ich an der Straße auf sie. Ich wartete auf eine Unbekannte, ihre Koffer waren bei mir im Haus. Vor der Busfahrt hatte sie mir die Adresse und Telefonnummer ihres Sohnes in Sydney gegeben, falls ihr etwas zustoßen sollte.

Sie kam nicht. Da war etwas schief gelaufen. Aber was? Wie konnte ich Alice wiederfinden oder sie mich? Falls sie meine Adresse verloren hätte, wie könnte sie mich in einer Millionenstadt wiederfinden, wo für einen Fremden alle Straßen gleich aussahen?

In dieser Nacht habe ich wenig geschlafen.

Am nächsten Vormittag rief mich Um Jasin in den Laden ans Telefon. Am Apparat war Alice. Sie entschuldigte sich tausend Mal und versicherte mir, dass sie ebenso wenig geschlafen hatte wie ich.

Als sie dann schließlich wieder da war, konnte sie die ganze verrückte Geschichte erzählen. Tatsächlich hatte sie den Zettel mit der Adresse verloren, vielleicht war er beim Bezahlen oder bei der Passkontrolle aus dem Geldbeutel gefallen. Ein argentinisches Ehepaar nahm sie mit in ihr Hotel und sie suchten zusammen mit dem Hotelbesitzer nach dem Namen Darrah im Telefonbuch. Eine Weile später hatte Alice meine Schwiegermutter am Apparat, sie konnten sich aber nicht verständigen. Alice wiederholte immer wieder: "Karnak-Hotel. Karnak-Hotel."

Am Morgen erzählte meine Schwiegermutter ihrem Sohn von dem seltsamen Anruf. Mein Schwager fuhr dann sofort zum Hotel, weil er sich denken konnte, was passiert war. Alice freute sich riesig, ihn zu sehen und nannte ihn "rock of Gibraltar".

Nach all diesen Aufregungen wollten wir uns noch einen schönen Tag machen, ich wurde zum Lunch in ein Hotel eingeladen. Ich erlaubte mir einen Ausflug in die Welt der Speisekarten, Tischtücher, Zimmerpflanzen und Eleganz. Danach gingen wir noch ins Nationalmuseum, das mir die große Vergangenheit Syriens bewusst machte. Dieses Land hat viele frühe Kulturen hervorgebracht, zum Beispiel das Königreich Mari, das im dritten Jahrtausend v. Chr. im Osten von Alt-Syrien bestand. Um 1200 v. Chr. wurde das erste Alphabet der Menschheit in Ugarit in Stein gehauen.

Alice stellte mir viele Fragen über das Wesen der Araber, doch ich konnte nicht in wenigen Worten sagen, wie die Menschen hier wirklich waren.

"Schau, ich wohne seit zwei Jahren hier und lerne täglich dazu. Irgendwann schreibe ich mal ein Buch. Aber in ein paar Worten kann ich das alles nicht beschreiben."

Am nächsten Tag, meinem letzten als Touristin, sahen wir uns den Azem-Palast an, in dem ein Möbel- und Trachtenmuseum eingerichtet ist. Oberarmdicke Weinstöcke rankten an den Mauern empor. Die Vergangenheit ragt hier so weit in die Gegenwart hinein. Wie viele der alten Gerätschaften, Möbel und Trachten mochten wohl auf dem Land noch in Gebrauch sein, neben Asphaltstraßen und Fernsehern? Wie viele der Ideen und Gedanken von damals waren noch lebendig?

Am Tag darauf reiste Alice nach Italien weiter. Ich

bewunderte diese 60-jährige, die so viel Mut und Interesse an anderen Ländern und Völkern aufbrachte, die aber nicht nur davon träumte, das alles zu sehen, sondern es auch verwirklichte.

Pudding mit Pistazien

Hishams jüngerer Bruder Marwan brachte mir die Neuigkeit persönlich: Er wollte heiraten.

Er war ein gutaussehender junger Mann, verdiente gut in seinem Beruf. Das Problem war nur: Er wohnte noch bei seinen Eltern. Wie ich ja schon beschrieben habe, ist das normal in Syrien. Alle Leute wohnten in Eigentumswohnungen und junge Paare wohnten gewöhnlich so lange bei den Eltern, bis sie eine eigene Wohnung kaufen konnten. Daher hatten die Eltern natürlich auch Mitspracherecht und wenn es nach ihnen ging, hatten sie die Hauptrolle bei der Auswahl der Zukünftigen.

Bisher hatte ihm keines der Mädchen, die seine Mutter und Tanten vorschlugen, wirklich gefallen. So eine Heirat kostete viel Geld. Die Braut bekam viele Kleider und viel Schmuck, ein Schlafzimmer wurde angeschafft und zwei Feiern waren auszurichten, die Verlobung, (hier: *kitab*, die amtliche Heirat) und die Hochzeit (hier: *arris*, der Vollzug der Ehe). Da musste man sich wirklich sicher sein.

Nun war es so weit, er wollte heiraten. Ein Mädchen gefiel ihm und auch seinen Eltern.

Der große Tag kam. Zum Kitab fuhren wir, also die weibliche Verwandtschaft, zur Wohnung der Brauteltern. Die Männer trafen sich gleichzeitig irgendwo anders. Wir Frauen saßen dicht an dicht in langen Stuhlreihen, ungefähr nach Rangordnung und Verwandtschaftsgrad geordnet, denn die Mütter und Schwestern des jungen Paares nahmen natürlich die ersten Plätze ein. Die Braut saß geschmückt auf einem Podest ganz vorn.

Jede von uns Frauen hatte sich zu diesem Anlass ein neues, kostbares Kleid gekauft oder schneidern lassen. Brokat, Spitze, Abendfrisuren, Diamanten, Gold, das stellte jede deutsche Hochzeit in den Schatten.

Zunächst einmal geht es beim *kitab* um das Kennenlernen der beiden Familien, auch die Gruppierungen innerhalb der Familien werden sichtbar. Auch Frauen, die sonst sehr sparsam sein müssen, leisten sich für diese Gelegenheit schöne Kleidung. Aber nicht nur das Aussehen ist wichtig, auch das Sprechen und Erzählen, Singen oder Tanzen sind bedeutend für das Ansehen bei der anderen Familie.

Die älteren Damen halten hier gleich Ausschau nach jungen Mädchen für ihre Söhne. Nach einer Hochzeit kann ein junges Mädchen oft mit mehreren Heiratsanträgen rechnen.

Die Braut selbst wechselt mehrmals das Kleid, um sich in verschiedenen Farben und Modellen zu zeigen. Die Kleider steigern sich im Laufe des Abends an Kostbarkeit.

In den ersten zwei Stunden unserer Party wurde nur kaltes Wasser auf silbernen Tabletts serviert. Das Anbieten des Wassers ist eine ehrenvolle Aufgabe für ein junges Mädchen. Jetzt wurde mir auch klar, was der Ausdruck: "Sie kann ihr nicht das Wasser reichen." bedeutet.

Später gab es Pudding, bestreut mit gehackten Pistazien.

Mehrere Stunden später nahte der Höhepunkt des Abends: Die Männer, die unter sich gefeiert hatten, brachten den Bräutigam zur Braut. Schon von weitem konnten wir die Männer und ihre Glückwunschrufe hören. Sie sangen und bildeten Sprechchöre. Sofort bedeckten die Frauen ihre Haare mit einem Tuch und ihre schönen Kleider mit einem Mantel. Als sie fertig waren, erlaubten sie den Männern, einzutreten.

Der Bräutigam bestieg den Thron, begrüßte die Braut, beschenkte sie mit Schmuck und steckte ihr schließlich den Ehering an. Die beiden saßen dann nebeneinander und nahmen die Glückwünsche der Familie entgegen, die langsam an ihnen vorbeizog. Die Hochzeit war damit zu Ende.

In den folgenden Wochen gab es einige Probleme und Krisen, bis die Familie sich über alle Fragen geeinigt hatte. Der Machtkampf fand hauptsächlich zwischen der Brautmutter und dem Bräutigam statt. Durften die jungen Leute - die ja auf dem Papier verheiratet waren - einmal allein ins Kino? Sollte die Braut ihr Studium an der Universität Damaskus fortsetzen? Wann sollte die vollzogene Hochzeit stattfinden?

Inzwischen verliebte sich die junge Frau in ihren Mann. Das besserte die Situation ein wenig. Doch bis zum *arris* war Diplomatie und gute Argumentation angesagt.

Die Brautmutter bestimmte den Hochzeitstermin. Sie bestimmte auch, dass das junge Paar nicht gleich nach der Feier auf Hochzeitsreise fliegen konnte, wie der Bräutigam es wünschte. Wie konnte dann der Beweis erbracht werden, dass die Braut noch Jungfrau war? Darauf konnte die Mutter auf keinen Fall verzichten, das gehörte zu ihrem guten Ansehen. Sie bestand darauf, zusammen mit den Tanten des Bräutigams in der Wohnung mit dem Brautpaar zu übernachten, um nach der Entjungferung das Bettlaken zu begutachten, wie es sich gehörte.

Eines Morgens hörte ich, dass wir, die Darrah-Frauen, uns zum Großputz für die zweite Hochzeitsfeier in der Wohnung meiner Schwiegereltern treffen sollten. Gemeinsam wurden die Fenster geputzt, Gardinen gewaschen, Fußböden geschrubbt, Möbel poliert. Es dauerte mehrere Tage, bis die über 200 Quadratmeter große Wohnung meiner

Schwiegermutter auf Hochglanz gebracht war. Meine Schwiegermutter war eben schon zu alt und konnte solche Arbeiten nicht mehr verrichten. Jede hatte ja noch ihren eigenen Haushalt, Miriam arbeitete als Hebamme, Asma war im dritten Monat und ich musste jeden Tag die Kinder zur Schule fahren und abholen, aber dies war Ehrensache.

Der große Abend kam heran und die Feier begann.

"Da darf man nicht schüchtern sein," dachte ich, "die Braut hat es nicht leicht. Stundenlang sitzt sie vorn auf dem prächtig geschmückten Thron und wird von immer neuen Verwandten betrachtet. Man muss gelernt haben, zu repräsentieren. Und gleichzeitig geht sie zum ersten Mal aus ihrem Elternhaus fort, sie verbringt die Nacht mit ihrem Bräutigam, während die Mutter und die Schwiegermutter auf das Betttuch warten. Sie weiß auch, dass sie in das Haus des Bräutigams zieht, und dass sie sich mit der Schwiegermutter auseinandersetzen muss. Also, von meinem europäischen Standpunkt aus, möchte ich nicht mit ihr tauschen."

Gerade bei Hochzeiten kam ich mit Frauen ins Gespräch, die auch schlechte Erfahrungen gemacht hatten. Eine junge Frau erzählte, ihre Hochzeitsnacht wäre der Horror gewesen. Sie war dem Mann ausgeliefert und konnte nichts tun, als er sie grob behandelte. Die anderen interessierten sich ja nur für den Beweis ihrer Jungfräulichkeit.

Gerechter weise muss ich sagen, dass es in Europa früher auch so war. Jahrhundertelang war die Frau dem Mann ausgeliefert, sie gehörte ihm nach der Heirat. Hier im Orient konnte sich die Frau immerhin scheiden lassen.

In den Monaten nach der Hochzeit hörte ich die Frauen über das neue Familienmitglied diskutieren. Wie arbeitete sie? Schnitt sie das Gemüse anders, als es in dieser Familie üblich war? Erwartete sie ein Baby? Wie kochte sie? Mit Genugtuung erzählte Asma, die Neue hätte ein Gericht Reis und Bohnen gekocht, das "wie im Krankenhaus" geschmeckt hätte. Zum Gemüse putzen brauchte sie doppelt so lang wie ihre Schwiegermutter.

"Na, recht hat sie.". dachte ich. "Wer zu viel leistet, muss zu viel machen. Je tüchtiger sie jetzt ist, desto mehr Arbeit wird ihr übertragen. Und eigentlich wollte sie ja weiter studieren."

Marwan hatte gut gewählt. Er hatte eine Frau gefunden, die die Tücken des alten Systems kannte und damit umgehen konnte. Sie akzeptierte das Bedürfnis ihrer Schwiegermutter nach Ehrerbietung, sie nahm im Auto hinten Platz und ließ Um Karim vorne sitzen. Sie verstand, dass die Eltern immer mitgenommen werden wollten. Die Schwiegereltern hatten selbst nie ein Privatleben gehabt, wie sollten sie verstehen, dass die Jungen auch mal allein sein wollten? Unbeschwerte Verliebtheit gehörte nicht zu ihren Lebenserfahrungen.

Die junge Frau ließ alles seinen Lauf nehmen und rechnete mit der Zeit.

Die Frage, wann ein Baby kommen sollte, wurde auch wieder von der Brautmutter entschieden. Sie konnte erst beruhigt und zufrieden sein, wenn auch die Fruchtbarkeit ihrer Tochter bewiesen war. Erst dann war die Ehe endgültig ein Erfolg. Die Gesellschaft war eine Männergesellschaft und die Frau erlangte ihre Position und ihren Lebensunterhalt durch den Mann. Nur mit einem Kind war das alles gewährleistet und die Stellung der jungen Frau in der Familie gesichert. So dachte jedenfalls die Brautmutter und damit war die Babyfrage entschieden.

Die Ehe hier war eine Versorgungsehe. Ich kenne eine junge Frau, die über einen Bewerber entscheiden sollte. Sie sagte: "Nein, die Wohnung ist mir zu klein, ich möchte ein Zimmer mehr." Nur durch die Auswahl des Ehemannes hatte sie Einfluss auf ihren Lebensstandard.

Ein anderes Mal stellten sich die Mutter und die Tante eines jungen Mannes bei Asma vor, weil sie um die 16-jährige Tochter für ihn werben wollten. Ich hörte die Gespräche vom Nebenzimmer aus mit. Es wurde über seine Arbeit und seinen Verdienst gesprochen, die Wohnverhältnisse, den Wohnort und den guten Ruf der Familie. Nach der Bewirtung mit Kaffee und Schokolade sagte die Mutter im Weggehen: "Hier habe ich ein Foto von ihm."

Ich stand gerade im Flur und schaute auf das Foto.

In Deutschland würde man sagen: Er sah super aus! Die Tochter war gerade mit den Tassen in die Küche gegangen und die Frauen gaben ihr keine Gelegenheit, das Foto zu sehen. Die Wahl wurde ihr erst gelassen, wenn alle Rahmenbedingungen stimmten. Es ging schließlich um ihr ganzes zukünftiges Leben.

Was wäre geschehen, wenn sie sich in das tolle Foto verliebt hätte? Er verdiente bei Weitem nicht genug, um ihr den Lebensstandard zu bieten, mit dem sie aufgewachsen war. Wenn die Eltern dann nachgeben und der Heirat zustimmen würden, wäre das eine Katastrophe für alle.

Sie fände sich nach der Hochzeit in einem Dorf außerhalb von Damaskus wieder. Die frühere Oberschülerin müsste dann Wasser tragen und weit schwerere Arbeit verrichten als in der Stadt. Vielleicht würden ihre Schwiegereltern ihr nicht erlauben, ihre Eltern oft zu besuchen. Das Essen wäre knapp, der Wohnraum eng. Sie hätte, bevor sie sich alles richtig überlegte, drei oder vier Kinder. Sie hätte dann keine Möglichkeit mehr, ihr Schicksal zu ändern, ohne die Kinder zu verlieren. Ihr Vater wäre von der Belastung betroffen, sie mit Heizöl, Lebensmitteln und Kleidung zu versorgen, um ihr das Leben zu erleichtern.

So war es besser. wenn das Mädchen den Bewerber erst sah, nachdem ihre Mutter und Tanten eine Vorauswahl getroffen hatten.

Arabische Frauen sind, obwohl sie sehr weiblich, charmant und gefühlsbetont erscheinen, in vielen Dingen nüchterner als wir. Sie wählen zuerst die äußeren Lebensumstände, bevor sie sich auf Gefühle einlassen. Sie glauben nicht, dass, wenn nur Liebe da ist, sich alles andere finden wird. Sie sind sachlicher und weniger romantisch, wenn es um Männer geht.

Kaffee ohne Zucker

Um Karim verbrachte einige Wochen auf dem Land, um die frischere, kühlere Luft zu genießen. Sie war sehr krank, sie hatte Blutkrebs. Noch konnte sie im Kreis ihrer Nachkommen sitzen und über die guten und weniger guten Eigenschaften ihrer Schwiegertochter plaudern. Noch konnte sie Gebete mitmachen. Als sie nicht mehr die rituellen Bewegungen auf dem Boden ausführen konnte, tat sie es auf einem Stuhl sitzend. Ihre Töchter hüllten sie in weiße Tücher und sie neigte ihren Kopf auf die Knie.

Bald musste sie im Bett liegen und Bluttransfusionen bekommen. Es stand ernst um sie, wir wussten, dass sie sterben musste. Schon besprachen sich die Frauen der Familie über eine einheitliche Trauerkleidung. Weil die Beerdigung hier ja am Todestag oder spätestens am nächsten Tag stattfindet, mussten wir uns frühzeitig auf dieses Ereignis vorbereiten und passende Kleidung besorgen: dunkelblau, bei den jungen Mädchen mit hellblauen Blusen.

Am Abend waren wir in der Wohnung der Kranken versammelt, alle Kinder und Enkelkinder besuchten sie, so oft sie konnten. Schon hatte Um Karim Schmuck und Persönliches an die Töchter verteilt. Da stellte eines der Enkel das Radio an und laute Musik ertönte. Gerade wollten wir schimpfen, da rief Um Karim: "Schöne Musik! Tanzt doch alle!"

Sie wollte ihre Familie fröhlich sehen. Wir gehorchten, aber nur die Kleinsten waren richtig lustig dabei.

Wenige Tage später sollte wieder eine Bluttransfusion gemacht werden. Doch Um Karim weigerte sich: "Das mache ich nicht mehr mit. Mein Körper ist müde und meine Seele will zum Himmel. Wenn ihr noch mal damit ankommt, werfe ich euch alle raus!"

Respektvoll traten alle zurück. Ihre drei Schwestern kamen, um ihr beim Sterben zu helfen. Sie saßen auf dem Boden neben dem Bett. Ich durfte wegen meiner kleinen Kinder nicht ins Sterbezimmer, doch ich hörte vom Nebenzimmer die rhytmischen Laute, die die vier Schwestern gemeinsam ausstießen. Sie atmeten gemeinsam, um der Seele der Sterbenden den Austritt aus dem Körper zu erleichtern. Vor dem Sterben schreckten sie nicht zurück, sondern gingen es gemeinsam an. Die Gemeinsamkeit der Familie reichte von der Geburt bis zum Tod. Abwechselnd atmeten und beteten die Schwestern, so lange, bis Um Karim für immer die Augen geschlossen hatte.

Am nächsten Tag begannen die Trauerfeiern, wie ich sie schon beim Tod der Urgroßmutter erlebt hatte. Diesmal nahm ich mehr Anteil daran, ich kannte mich schon hier aus und die Verstorbene hatte mir nahe gestanden. Ich wollte meine Trauer zum Ausdruck bringen, gemeinsam mit den anderen Frauen. Die Trauersitzungen wurden zuerst drei Tage lang, dann einmal in der Woche für drei Wochen und zuletzt nach einem Monat abgehalten.

Lebe wohl, Damaskus!

Nun war ich eine von den Darrah-Frauen, kam am Freitag mit der Familie zusammen, nahm am Alltag und am Festtag und an den Traditionen teil. Am Anfang war es so schwer für mich gewesen, ich musste die Sprache erst lernen und die Lebensweise in dieser Stadt und in dieser Familie. Ich hatte mir nie vorstellen können, dass es andere Wirklichkeiten gab als ich sie kannte. Mein Leben kam mir manchmal vor wie ein Fixierbild, wie dieses Kinderspielzeug: je nachdem, von welcher Seite ich es betrachtete, sah ich ein ganz anderes Bild.

Meine westliche Seite sagte: Ich kann doch nicht mehr im Mittelalter leben. Ich bin als moderne Frau aufgewachsen und gleichberechtigt neben Jungen in die Schule gegangen. Mir tun die Frauen leid, die in ihrer Rolle festgelegt sind und nicht die westlichen Freiheiten genießen. Ich will mich entfalten und alles erreichen, was ich will.

Meine östliche Seite sagte: Es gibt Weisheiten, die nichts mit modern oder altmodisch zu tun haben. Seit Tausenden von Jahren haben die Menschen hier so gelebt wie ich es jetzt erlebe. Ich empfinde Ehrfurcht vor den Traditionen und sehe, dass die Menschen so überlebt haben, ohne die Natur auszubeuten und kaputt zu machen, wie wir es im Westen getan haben. In dieser alten Kultur sind die Menschen von der Geburt bis zum Tod nicht allein und einsam wie im Westen.

Natürlich würde sich auch hier in den nächsten Jahren das Leben verändern. Was würde sich ändern, was würde bleiben? Für mich persönlich fand ich einen Standpunkt, den ich einnehmen konnte, um die beiden unterschiedlichen Lebensformen zusammenzubringen. Meine Kurzformel lautet: Großfamilie und arabische Lebensart ja, Patriarchat nein.

Nun war das Ende meines Syrienaufenthalts gekommen. Mein Mann hatte nicht, wie er es sich vorgestellt hatte, hier in Syrien das Geschäft seines Vaters modernisieren und mit seinem Bruder übernehmen können. Der alte Vater und die Gesetze des Landes hatten zu viele Wege versperrt. Deshalb hatte er ja schon in Algerien und Jordanien gearbeitet und als dann eine Bewerbung bei Siemens erfolgreich war, freuten wir uns alle fünf auf ein Leben in Deutschland. Ich bin glücklich und froh darüber, dass ich das Leben in Damaskus noch so traditionell und ehrlich, wie es in den 1970ern war, kennenlernen konnte.

Ich war hier Menschen begegnet, die auf mich zukamen: Abu Hisham, der Krämer, der so schlecht rechnen konnte, der Mann von der Müllabfuhr, der meine Kinder jeden Tag mit: "Hello, Chico!" begrüßte, die Kinder, die Brot für die Schafe sammelten und sich gern ihr Marmeladenbrot bei mir abholten, das junge Bauernmädchen, das einen großen Korb voller Eier freihändig auf dem Kopf trug, ich freue mich, sie kennengelernt zu haben.

Wir schlenderten noch einmal im Souk el Hamadije umher. Wir wollten den Kindern noch einmal wichtige Sehenswürdigkeiten in Damaskus zeigen. Am Eingang merkte ich, dass ich kein Kopftuch dabei hatte. Und zum Touristeneingang zu gehen und mir einen schwarzen Umhang zu holen, dazu hatte ich keine Lust. So blieb ich, mit unserer jüngsten Tochter auf dem Arm, auf dem Schuhbasar zurück. Durch die Goldgasse und die Tischlerstraße fand ich den Weg zum hinteren Ausgang der Moschee, wo ich auf die anderen warten wollte.

Inzwischen war die Kleine eingeschlafen. Neben einem Gemüsegeschäft blieb ich stehen. Ein hübscher Platz lag vor mir, die Mauern der alten Moschee, eine Trauerweide, Obst- und Gemüseläden.

Der Besitzer eines kleinen Geschäfts kam herüber und brachte mir seinen einzigen Stuhl! Die Menschen hier liebten Kinder und halfen gerne. Ich saß im Schatten auf dem Stuhl mit dem Kind auf dem Arm und schlürfte ein Gläschen süßen Tee. Eine solche Freundlichkeit machte mich glücklich.

Die Gastfreundschaft habe ich zu vielen verschiedenen Gelegenheiten in Damaskus kennengelernt.

Einmal besuchten wir ein sehr altes arabisches Haus, das unter Denkmalschutz stand. Ein Bekannter hatte uns dazu eingeladen. Zuerst fuhren wir zu ihm nach Hause, er wollte uns dann in die Altstadt mitnehmen.

Die Wohnverhältnisse des Bekannten waren sehr beengt, ganz im Gegensatz zu seiner Gastfreundschaft. Wir saßen in der winzigen Wohnecke eines winzigen Hofes und tranken heißen Kräutertee. Neben uns führte eine steile Treppe zu den Schlafräumen, der ganze Hof lag voller Wäsche, drei Meter von uns entfernt rotierte brummend eine offene syrische Waschmaschine. Der Gast ist immer willkommen, für ein freundliches Gespräch und einige Gläser Tee ist immer Zeit.

Dann brachen wir auf, um das Haus aus der Türkenzeit zu besichtigen. Es war in Privatbesitz, eine Familie wohnte darin. An den Wänden und Decken waren gemalte Stadtansichten, Blumenornamente und Holzschnitzereien. Im großen Innenhof plätscherte der klassische achteckige Brunnen. Ein wunderschönes altes Haus.

Wenige Wochen vor unserer Reise nach Deutschland unternahmen wir noch eine Fahrt durch Syrien, um Palmyra,

Homs und Hama zu sehen.

In Hama besuchten wir einen Studienfreund von Hisham, einen Arzt. Auch er war mit einer deutschen Frau verheiratet gewesen, die er im Studium kennengelernt hatte. Aber sie war nicht mehr da. Er erzählte.

"Hier fühle ich mich wirklich gebraucht, viel mehr als in Deutschland. Leider hat es meine deutsche Frau nicht geschafft, sich hier einzuleben. Es war eine schwere Entscheidung. Auf der einen Seite das Wartezimmer voller hilfesuchender Menschen, die mich brauchen, auf der anderen Seite meine Frau und meine Kinder. Aber ich gehöre hierher, hier ist mein Platz."

Wir übernachteten in einem kleinen Hotel in der Innenstadt. Ein gemütlich wirkender Alter führte uns drei Treppen hoch in unser Zimmer. Er stellte das gesamte Personal des Hotels dar. Wir schauten die Bettwäsche an.

"Wann ist die zuletzt gewaschen worden?" wollten wir wissen.

"Es hat schon mindestens drei Tage niemand hier geschlafen." war die ausweichende Antwort.

Wir verlangten frische Bettwäsche. Schließlich gab der Alte nach und fragte meinen Mann: "Und in welchem Bett willst du schlafen?"

Mit einem frisch bezogenen Bett waren wir immer noch nicht zufrieden. Brummend musste der Alte alle Betten neu beziehen, sogar die der Kinder.

"Aber die machen doch das Bett sowieso wieder dreckig!" war seine Meinung.

Wir kauften Brot, Rotwein, Käse und Oliven für unser Abendbrot. Ein kleiner Eisenofen wärmte das Zimmer, die Nächte waren schon kühl. Wir rösteten Kastanien auf dem

Ofen und genossen einen herrlichen Abend.

Auf der Rückfahrt den Orontes entlang sahen wir einen kleinen Jungen nackt im Wasser stehen. Er reichte den Frauen die Wasserkrüge die steile Böschung hinauf. Es war November und auch in Syrien war es schon kühl.

Wieder in Damaskus, bereiteten wir uns auf unsere Reise vor. Ausreisevisum, Packen, Verschenken, Möbel verkaufen, Besuche bei Verwandten und Bekannten...

Mein Leben würde sich jetzt sehr verändern. Die Menschen um mich herum würden weniger lebhaft sein, weniger intensiv. Ich dachte an das Nachbarsmädchen. Als ihre Mutter drei Wochen zu Verwandten gereist war, besorgte die 14-jährige den Haushalt. Am Tag vor der Rückkehr der Mutter war sie damit beschäftigt, das Haus ganz besonders sauber zu machen, zu kochen, einzukaufen. Ein Onkel trat am Abend seine Lastwagenfahrt nach Saudi-Arabien an, für ihn musste sie besonders viel kochen für die lange Reise. Der Vater und die Brüder bekamen Frühstück, wieder wurde sauber gemacht, eingekauft, gekocht, …

"Du siehst ziemlich müde aus."

"Stimmt. Ich habe nur eine Stunde geschlafen. Aber alles ist fertig. Die Mama kann kommen."

Ich dachte an die kleine Fatma, die Frechste von den Mädchen, die trockenes Brot für ihre Schafe sammelten. Sie war eine Wilde, mit blitzenden Augen schaute sie sich um. Einmal rannte sie an mir vorbei durch den Hausflur in die Küche, schnappte sich eine Orange und rannte davon! Seitdem passte ich bei ihr besonders gut auf. Oft schenkte ich ihr ein Stück Obst oder ein paar Kekse. Eines Tages wollte ich ihr eine Puppe schenken, denn mein Töchterchen hatte doch so viele. Aber das war keine gute Idee, fand meine Tochter.

116

Da sagte die wilde Fatma: "Da, nimm sie wieder, nicht ärgern."

Die beiden Mädchen waren etwa gleich alt, acht oder neun Jahre. Während meine Tochter kindlich reagierte, war Fatma mütterlich. Und sie brauchte keine Puppe, sie hatte kleine Geschwister. Die Kinder hier konnten gut teilen. Spielsachen waren nicht so wichtig.

Das Nachbarsmädchen brachte mir zum Abschied 32 Briefumschläge, mit ihrer Adresse auf Arabisch versehen, damit ich ihr schreiben konnte.

Unser Flugzeug hatte beim Abflug Verspätung. Noch um drei Uhr nachts saßen wir im Warteraum. An der Theke einer kleinen Bar konnte ich zum letzten Mal um ein Glas Wasser bitten. Der junge Mann reichte mir die Kostbarkeit mit einem strahlenden Lächeln. Das Wasser kam aus der Leitung, das Lächeln von Herzen. Und beides gab es in Damaskus jederzeit umsonst.

Um Hassans Geheimnisse

Meine Nachbarin Um Hassan war klein und rundlich; sie reichte mir nur bis zu den Schultern. Ihr Gesicht strahlte: *„Sabah el cher!* - Guten Morgen!", rief sie und lächelte verschmitzt.

„Ach, gestern hast du mir sehr guten Kuchen geschickt. Wie schade, dass ich nichts davon probieren konnte. Die Katze hat ihn gefressen. Hat man das schon gehört, dass eine Katze Kuchen mag?"

Davon hatte ich noch nicht gehört. Doch zum Glück für Um Hassan war von dem Kuchen noch etwas übrig, und ich schnitt ihr einige Stücke ab und reichte ihr den Teller. Sie bedankte sich und meinte: „Besuche mich doch später. *Ahla wa sahla!*"

Ich mochte Um Hassan. Sie war immer lustig und voller Geschichten, hatte wache, leuchtende Augen und bewegte sich so flink und gelenkig, dass man kaum ihre kugelrunde Figur bemerkte. Sie selbst machte oft Witze über ihre Körperfülle, bezeichnete sich als Nilpferd. Ich bewunderte ihre Art, mit ihren Schwächen umzugehen.

Während ich über meine Nachbarin nachdachte, fing ich an zu kochen. Ich höhlte Zucchini aus, füllte sie mit Reis, Fleisch und Gewürzen und kochte die gefüllten Gemüse in Tomatensoße mit Minze und Zitronensaft. Um die Speise abzurunden, wollte ich einige in Salz zerstampfte Knoblauchzehen dazugeben. Da bemerkte ich, dass ich vergessen hatte, Knoblauch zu kaufen. Wozu sind Nachbarinnen da?

Ich klingelte bei Um Hassan, die unter mir wohnte. Sie öffnete, begrüßte mich erfreut, ließ mich gar nicht erst zu

Wort kommen, sondern führte mich ins Wohnzimmer, wo zwei Damen saßen, die gerade Kaffee tranken. Jede hatte ein Stück von meinem guten Kuchen vor sich stehen. Aha! Ich musste innerlich lachen. Die Schwindelei mit der Katze wäre doch überhaupt nicht nötig gewesen. Ich hätte ihr gern etwas Kuchen für ihren Besuch gegeben. Aber so war sie, Um Hassan, die geborene Schauspielerin.

Später, in der Küche, während sie mir Knoblauch gab, flüsterte sie mir ins Ohr: „ Die Tochter kommt als Braut für Hassan in Frage. Du musst nachher noch mal wiederkommen und dich mit ihr unterhalten. Ich möchte deine Meinung hören."

Das war eine Ehre, der ich mich nicht entziehen konnte. So stieg ich eine halbe Stunde später, nachdem ich mit dem Kochen fertig war, nochmals die Treppe hinunter und setzte mich zu den beiden Damen. *„Marhaba. Kifek?* Guten Tag. Wie geht's?"

Nachdem wir uns nach der gegenseitigen Gesundheit und der Familie erkundigt hatten, erklärte Um Hassan den Frauen, dass die Wohnung, wenn sie nur renoviert wäre, wunderbar aussehen würde. Momentan sah ich zwar nur eine Kellerwohnung, Altbau, in schlechtem Zustand, mit vergilbten, rissigen Tapeten und kleinen Stuben. Nur wenig Sonne konnte für kurze Zeit am Tag durch die hohen Fenster dringen. Aber Um Hassans Erzählung ließ alles in einem anderen Licht erscheinen; sie ließ mit wenigen Worten eine schöne, erstrebenswerte Wohnung vor unserem geistigen Auge entstehen.

„Die Lage ist einmalig.", schwärmte sie. „Direkt in der Stadt. In wenigen Minuten erreicht man die wichtigsten Einkaufsstraßen."

Hier in Damaskus besaß jeder eine eigene Wohnung. Wenn

ein Paar heiratete, kaufte es entweder eine Wohnung oder es bezog ein Zimmer bei den Eltern des Bräutigams. Da die Geschwister Hassans schon verheiratet waren, war er eine gute Partie. Die Mutter Um Hassan konnte in ein einzelnes Zimmer hinter dem Hof ziehen und dem jungen Paar stand die Wohnung zur Verfügung.

Es klingelte. Hassan kam von seiner Büroarbeit nach Hause. Er war schlank, dunkelhaarig, mit ruhigem, festem Blick hinter seinen Brillengläsern. Obwohl er fast 30 Jahre alt war, hatte er erst vor kurzem angefangen zu arbeiten. Nach dem Abitur hatte er studiert und danach seinen Militärdienst geleistet. Er trat ein und begrüßte uns Damen, indem er den Kopf neigte und die rechte Hand an die Brust legte. Für mich war es schwer nachzuvollziehen, dass es besonders höflich und respektvoll war, Frauen nicht die Hand zu geben. Nach einigen peinlichen Situationen, in denen ich mit ausgestreckter Hand dastand und sie dann, höflich lächelnd, wieder zurückziehen musste, hatte ich gelernt, abzuwarten und mein Gegenüber erst einmal zu beobachten.

Mir erschien es besser, die Familie nun mit ihrem Besuch allein zu lassen, ihnen Gelegenheit zu geben, sich ungestört kennenzulernen. Vielleicht war dies ja für Hassan die Frau seines Lebens.

Am Abend besuchten mich Mutter und Sohn. Wir unterhielten uns eine Weile über das junge Mädchen und seine Mutter. Ich hatte einen guten Eindruck von beiden.

Die junge Dame war genau im richtigen Alter, überhaupt nicht schüchtern, sondern blickte frei und offen um sich, war schlagfertig, hatte zu jedem Thema eine Meinung. Und sie war religiös, auf eine fröhliche, selbstverständliche Art, kurz, sie schien sehr gut zu Hassan zu passen.

Wir tranken einige Gläser Tee und Um Hassan begann, mir

religiöse Lieder vorzutragen, sehr ausdrucksvoll, mit einer Mimik und Gestik, die mich begeisterte. Hassan bemühte sich, die Texte für mich ins Englische zu übersetzen, denn ich konnte das Hocharabisch der Dichtung nicht verstehen.

Diese Dichtung lebte, Lieder vorzutragen war eine beliebte und weit verbreitete Kunst, die Worte waren klangvoll und wurden rhythmisch vom Schlag der Trommel begleitet. Für den Hausgebrauch konnte ein Topfdeckel oder eine Plastikschüssel dienen. Diese Lieder haben Lob und Preis Gottes zum Inhalt und ich hatte schon öfters Gelegenheit gehabt, Veranstaltungen unter Frauen mitzuerleben, bei denen sie gesungen wurden: in der Woche des Geburtstags des Propheten Mohammed, zu Hochzeiten, nach dem Abitur oder anderen Prüfungen oder am Krankenbett einer Nachbarin, um ihr gute Besserung und Gottes Segen zu wünschen.

Dieser Vortrag wird meistens von mehreren Frauen im Wechsel dargeboten, die alle Texte auswendig singen und sprechen. Das nennt man „Mulid".

Um Hassan trug mir also einige Lieder vor, lebte die Worte aus, ließ die Inhalte durch Gesten lebendig werden.

Ich war erstaunt. Da lebte man so nah beieinander, ohne die Talente der anderen zu kennen! Ich lobte ihre Stimme, ihre Ausdruckskraft.

„El Hamd el illah. - Preis sei Gott.", meinte sie. „Viele Ausländer haben sogar gebeten, von meiner Stimme Tonbandaufnahmen zu machen, aber ich habe es nie erlaubt."

Ich begann, Geheimnisse hinter der fröhlichen Fassade dieser Frau zu ahnen. Ich wollte mehr über sie wissen, sie näher kennen lernen.

Ich mochte sie, sie war nicht, wie manche andere Nachbarinnen, misstrauisch, sie machte niemals abfällige Bemerkungen und stellte keine Fragen, die Vorurteile ausdrückten. Sie schien mich zu akzeptieren, auch wenn ich anders war als sie.So fing ich an, sie nach ihrem Leben und ihrem Schicksal zu fragen.

„Abu Hassan, Gott möge ihn bestrafen, erschien zuerst jedem als ein guter Mann. Von außen weiß, aber von innen schwarz wie die Nacht.", begann sie zu erzählen. „Zehn Jahre lang hat er mir kein Geld gegeben. Ich musste arbeiten, um die fünf Kinder aufzuziehen. Zuerst arbeitete ich in einem Büro, dann zu Hause als Schneiderin, privat als Krankenschwester, in einer Boutique, in einer Restaurantküche.

Niemand hat das gewusst, es ist hier nicht gut angesehen, wenn eine Frau arbeitet. Niemand half mir. Die Kinder waren es gewohnt, alles nach der Uhr zu machen, mir immer zu helfen, fleißig zu sein. Abu Hassans Problem war, dass er nicht mit Geld umgehen konnte. Kaum hatte er welches, floss es fort. Er fuhr einen Mercedes, kaufte teure Möbel, feierte große Partys, kaufte Whisky in Kisten.

Zur gleichen Zeit nähte ich nachts für Leute. Die Kinder wussten nie, dass da etwas nicht stimmte. Ich lehrte sie, ihren Vater zu respektieren, bis sie erwachsen waren und mit eigenen Augen sehen konnten, was geschah. Inzwischen sind schon alle verheiratet, außer Hassan. Vor einigen Jahren hat Abu Hassan eine zweite Frau geheiratet. Er lässt es sich gut gehen, will nur das Beste für sich. Ich bin ihm zu alt und zu dick. Er hat eine Lehrerin Anfang vierzig geheiratet, eine schöne Frau, aber sehr empfindlich. Kaum ärgere ich sie ein bisschen, heult sie schon."

Hier lachte Um Hassan fröhlich. Ich konnte ihr ansehen, wie sehr sie es genossen hatte, die andere Frau auf die Schippe zu nehmen, sie zu verunsichern, sie eifersüchtig zu machen. Sie war ihr an innerer Kraft überlegen, da sie viele Jahre lang gegen ein schweres Schicksal gekämpft hatte. Alle ihre Kinder waren erwachsen, hatten es zu etwas gebracht, standen hinter ihr. Die andere Frau war nie verheiratet gewesen und empfindlich wie eine Mimose.

Um Hassan, wie eine Schauspielerin, erzählte lebhaft, wie sie die andere erschreckt hatte mit der Behauptung, sie wolle die Nächte aufteilen, Abu Hassan solle eine Woche mit ihr, eine Woche mit der Neuen übernachten. Meine Nachbarin schüttelte sich vor lachen. Natürlich wollte sie nicht im Entferntesten etwas mit ihrem Mann zu tun haben, der sie so viele Jahre schlecht behandelt, beschimpft und beleidigt hatte. „Gott wird ihn bestrafen.", meinte sie, „Das brauche ich nicht zu tun."

Ich muss gestehen, ich fand es boshaft und ungerecht, dass sie die Bestrafung ihres Mannes großzügig Gott überließ und stattdessen die neue Frau ärgerte ….

Schließlich, so erzählte Um Hassan, zog Abu Hassan mit der Lehrerin weit weg und von da an lebten alle mit mehr Ruhe und Frieden. Wenige Leute wussten von diesem Schicksal.

„Ich habe herausgefunden," vertraute sie mir an, „dass die anderen Menschen einem nicht helfen wollen. Nein, im Gegenteil. Sie denken: Warum hat sie ihn geheiratet? Nun soll sie auch mit ihm fertig werden, das geschieht ihr ganz recht, und es sollte ihr noch viel schlechter gehen."

Ihr Gesicht verzog sich, um die Abscheu auszudrücken, die die anderen vor Problemen und Notlagen empfanden.

„Deshalb mache ich genau das Gegenteil. Ich zeige jedem ein fröhliches Gesicht, mache Witze, ziehe mein bestes Kleid an und zeige den Leuten, dass alles bestens ist, mir geht es wunderbar, egal, ob das stimmt oder nicht." Hier strahlte sie so, wie ich sie immer gekannt hatte.

Nachdenklich verabschiedete ich mich von ihr und Hassan, es war fast Mitternacht.

Einige Tage vergingen, an denen ich die Nachbarin nicht sah. Dann traf ich sie eines Tages beim Einkaufen. Sie erzählte mir von einigen staatlichen Geschäften, die ich noch nicht kannte und ich begleitete sie dorthin. Es gab sehr preiswerte Baumwollwaren.

Auf dem Heimweg kamen wir an einigen Juweliergeschäften vorbei. „Moment mal, da muss ich noch hinein." , meinte sie.

Ich wartete, während sie viele kleine goldene Schmuckstücke aus ihrer Handtasche kramte, um sie wiegen zu lassen. Für den Preis erstand sie einen dicken, schweren Armreif im Wert von etwa

40 000 Lira. Ich staunte.

Diese kleine, unscheinbare Frau ohne ersichtliches Einkommen ging einfach in einen Goldladen und handelte um ein Stück Gold von großem Wert. Sie sah meinen verwunderten Blick und lächelte.

Als wir weiter nach Hause gingen, erklärte sie: „So ist das bei uns. Das Gold ist unsere Bank. Ich brauche eine größere Summe, weil Hassan heiraten möchte. Deshalb sammle ich all die kleinen goldenen Schmuckstücke, die ich in den letzten Jahren geschenkt bekommen habe oder selbst gekauft habe, um zu sparen. Von dem Erlös kaufe ich ein großes, schweres Stück, damit ich weiß, wie viel Geld ich zur Verfügung habe. Ich habe mehrere große Stücke. Je nachdem, wie die Verhandlungen mit der Familie laufen, kann ich sie dann sofort zu Bargeld machen. Hassan konnte noch nichts sparen. Und der Vater gibt nicht mal fünf Pfennig dazu. Ich möchte meinen Sohn gut versorgt wissen. Dann kann mein Herz zufrieden und mein Gehirn entspannt sein."

Sie sorgt gut für ihre Kinder, dachte ich. Sie hat ihr Lebenswerk erfolgreich geschaffen. Doch wer sorgte eigentlich für sie, wovon lebte sie jetzt? Als Schneiderin war sie nicht tätig, das hätte ich bemerkt. Ihr Sohn verdiente nur wenig und es schien mir gar nicht zu ihr zu passen, auf ihre Brüder oder andere Verwandte angewiesen zu sein. Diese unterstützten sie sicher zusätzlich. Doch ich schätzte Um Hassan so ein, dass sie sich hauptsächlich auf sich selbst verließ, sie war eine kluge, tüchtige, selbständige Frau.

In den folgenden Wochen sollte ich die Wahrheit herausfinden und meine Überlegungen waren richtig.

Jedes Mal, wenn ich nachmittags versuchte, sie zu besuchen, öffnete ihr Sohn die Tür und sagte: „Sie ist zu einem Mulid gegangen."

Das war also ihre Tätigkeit. Ich erinnerte mich, wie sie mir erklärt hatte: „Viele Leute sind bereit, tausend Lira oder mehr für ein Mulid auszugeben. Aber ich lehne das immer ab. Ich nehme nur wenig. Geld für meine Ausgaben, wie zum Beispiel für das Taxi."

Natürlich lehnte sie immer bescheiden ab. Aber ebenso natürlich bestanden die Gastgeber darauf, ihr einige Scheine in die Manteltasche zu stecken. Es war eine jener Tätigkeiten, die nicht als Arbeit angesehen wurden.

So sorgte sie für sich und ihre Kinder und vermehrte das Lob Gottes und die Kunst, Lieder vorzutragen.

Wir sind alle Geschwister

Wir betraten den Raum, in dem Hudda lag. Es war ein schmales, kleines Wohnzimmer, gerade groß genug für drei Sofas und an der vierten Seite eine flache Matratze, wo Kinder sitzen oder liegen konnten. In einer Ecke stand der Fernseher und zeigte eine ägyptische Familienserie, in der anderen ein „*Sobia*", ein schmaler Ölofen mit einem langen, verwinkelten Ofenrohr. Man verlegt die Rohre nicht etwa auf dem kürzesten Weg zum Kamin, sondern auf dem längstmöglichen Weg, weil die warme Luft gut ausgenützt werden soll.

Hudda war auf eines der Sofas gebettet, sie hatte ihr langes, lockiges Haar in eine bestickte Haube aus schwarzem Samt gesteckt, um bequem liegen zu können. Wir begrüßten ihre Mutter, ihre jüngere Schwester und dann die Kranke selbst. Ich hatte eine Schachtel Pralinen mitgebracht und wünschte ihr: „*Cher, inshallah!* - Möge es dir gut gehen, so Gott will!"

Das Baby Dania lachte mir aus dem Laufstühlchen entgegen, es war hübscher geworden, seit ich es das letzte Mal gesehen hatte, denn das Gesichtchen war nun von braunen Locken umrahmt, und das ließ das Kind gleich viel älter erscheinen. Es war erst sieben Monate alt. Ich begrüßte Rim und Munir, die beiden älteren Kinder Huddas. Ich dachte: Da hat die Oma aber viel Arbeit. Vor sieben Monaten erst war ihre Tochter mit den Kindern mehrere Wochen hier gewesen, für die Geburt und die Zeit danach. Und nun die Operation, ganz plötzlich. Wie schön, wenn eine Mutter da ist, die helfen kann.

Wir setzten uns auf die Sofas um die Kranke herum und ließen uns erzählen, wie alles passiert war.

Huddas jüngere Schwester Hala ging in die Küche, um Tee zu kochen, ihr Bruder Nabil, der gerade geschlafen hatte, stand auf und setzte sich auf einen Stuhl zwischen das Baby im Laufstuhl und den Ofen, damit die Kleine nicht zu nah an das heiße Metall kommen konnte.

„Es war am Freitag Nachmittag, als die Schmerzen begannen. Zuerst ging ich zum Hausarzt und er gab mir Tabletten. Das half nichts. In der Nacht fuhren wir nochmals zum Arzt, er gab mir zwei Spritzen. Das half immer noch nichts. Am Morgen waren die Schmerzen noch schlimmer geworden, und wir fuhren sofort zum Krankenhaus. Die Röntgenaufnahme zeigte zwei riesige Gallensteine. Drei Stunden später lag ich auf dem OP-Tisch, sie mussten die ganze Galle entfernen."

Hala brachte zwei kleine Tischchen herein, dann ein Tablett mit schwarzem Tee und Gebäck. Man war auf Besuch vorbereitet. Jeden Abend kamen Verwandte und Nachbarn, um Hudda zu besuchen, um ihr Ratschläge zu geben, um ihre Anteilnahme zu zeigen.

Es war Ramadan, also Fastenmonat. Die Dämmerung, und damit die Essenszeit, war um fünf Uhr dreißig. Zu dieser Zeit ertönten draußen Kanonenschläge, die Lautsprecher der Moschee sendeten Koranlesungen über die ganze Stadt Damaskus. Nach dem Essen ruhten sich die Menschen ein wenig aus und begannen später, sich gegenseitig zu besuchen.

Das Baby strahlte mich an und streckte die kleinen Ärmchen nach mir aus. Ich nahm es heraus, setzte es auf meinen Schoß und unterhielt mich mit ihm in der internationalen Babysprache. Nach einer Weile streckte es seine Arme nach meinem Schwager Abu Ali aus. Dieser lachte und setzte das kleine Mädchen auf ein Knie und scherzte: „Sie scheint zu wissen, dass ich drei Buben habe. Darum will sie zu mir."

Alle lachten. Der Scherz war nicht so weit von der Wirklichkeit entfernt. In dieser Gesellschaft wurden häufig Kusinen geheiratet. Da wusste man immerhin, dass man mit einer guten Familie zusammenkam. Eltern begannen schon, sich nach einem passenden Partner umzusehen, wenn die Kinder noch ganz klein waren.

Dania strahlte den Onkel ihrer Mutter an und freute sich über die allgemeine Aufmerksamkeit. Um Ali meinte: „Dania und Rim sehen ihrer Mutter sehr ähnlich. Gott hat sie gesegnet, sie sind sehr hübsch.“

Hala fragte Abu Ali, ob er schwarzen Tee wollte. Er hatte vor einigen Wochen einen Nierenstein gehabt und seitdem schwarzen Tee und Kaffee gemieden.

„Wir sind eine tüchtige Familie, wenn es um die Produktion von Steinen geht.“, meinte er. „Leider kann ich keinen schwarzen Tee trinken. Habt ihr *Mette*?“

Mette – damaszenisch für Mate – ist eine Heilpflanze, die als Tee getrunken wird. Bald brachte Hala zwei Thermoskannen herein, eine mit heißem Wasser und eine mit heißer Milch, eine Schüssel getrocknetes Matekraut, eine Dose Zucker, Gläser und einige Metallstäbe, mit schönen Ornamenten verziert und einer gelöcherten Kugel am Ende. So konnte jeder das Kraut in seinem Glas aufbrühen, dann die Flüssigkeit aufsaugen und immer wieder Wasser oder Milch nachgießen.

Wir saßen so in der Runde, schlurften *Mette* und unterhielten uns. Im Fernsehern kam eine amerikanische Quizsendung mit arabischen Untertiteln, keiner schien sich dafür zu interessieren. Die Nachrichten folgten, das Kleid der Ansagerin gefiel meiner Schwägerin und ein Flugzeugunglück verursachte eine Diskussion über die Sicherheit des Fliegens. Wir erfuhren von Huddas Mann, dass er früher Mette angebaut hatte, welche verschiedenen Sorten es gab und wie es wächst.

Hala legte Hudda das Baby an die Brust, ohne dass diese sich bewegen musste. Dania trank nur auf der linken Seite, denn auf der rechten Seite war die Operationswunde, und die Operation war erst vier Tage her. Als das Baby satt war, wurde es von Hala gewickelt und schlief dann ein. Hudda erzählte vom Krankenhaus.

Ihr Mann lachte und meinte: „Sie hatte solche Angst vor dem Krankenhaus, sie wollte nicht hineingehen."

„Ja, so war es.", erzählte Hudda, „Doch dann kam ein Arzt heraus und sagte zu mir: Hab keine Angst, wir sind alle Geschwister. Wir passen alle auf dich auf, wir sind für dich da. Wir sind deine Familie. Da verlor ich meine Angst und ging hinein."

Baschira

Baschira war ein niedliches Mädchen. Sie hatte große, dunkle Augen mit langen, schwarzen Wimpern, aus denen sie verträumt in die Welt blickte. Doch nicht nur Verträumtheit, auch Entschlossenheit und Intelligenz strahlte aus ihren Augen.

Ein kleines Näschen, ein rundes Gesicht, glatte, braune Haare, kurz geschnitten, kleine goldene Ohrringe, weiße Strümpfe, ein lila Rock, eine weiße Spitzenbluse und eine lila Jacke, so sah ich Baschira vor mir. Noch keine fünf Jahre alt, wirkte sie wie eine kleine Dame. An ihrem Arm war ein kleiner, goldener Armreif mit einer Kette daran, die den Fingerring sicherte.

Baschira lernte von ihrer Mutter Wäsche zu falten und wurde dafür sehr gelobt. Sie ging mit ihrer Mutter auf das Dach und reichte ihr die Wäscheklammern eine nach der anderen zu, bis die Wäsche aufgehängt war, all die kleinen Hemdchen und Höschen von ihr und ihren beiden jüngeren Geschwistern. Hamed war ein Wildfang. Nur ein Jahr jünger als Baschira, wirkte er völlig anders als sie. Er sprang umher, machte Unordnung, lachte und schrie laut, während seine Schwester hinter ihm her lief und versuchte, ihn zu erziehen, wie eine kleine Mutter. „Hamed, das macht man nicht! Hamed, gib das her! Hamed, bleib sitzen!"

Wenn Baschira aß, sagte die Mutter: „Baschira, achte auf deinen Bruder!" Und sie versuchte, zu verhindern, dass er herumhopste, sich bekleckerte, krümelte.

Am besten kam der Vater mit Hamed zurecht. Er nahm ihn mit zum Einkaufen, schlief nachts mit ihm zusammen in einem Bett, erzählte ihm Geschichten und beschäftigte ihn, wann immer er konnte.

Wenn er zur Arbeit ging, jammerte Hamed immer wieder: *„Baba, biddi baba.* Ich will Papa.“

Das Baby Leila war noch störender in Baschiras sauberer Welt als Hamed. Und jeder bevorzugte es, nahm es auf den Arm, sprach und lachte mit ihm. Je mehr es schrie, desto freundlicher wurden die Leute.

Es war Besuch gekommen, viele Verwandte saßen im Wohnzimmer, Baschira neben ihrer Großmutter in der Nähe des Ofens, der den ganzen Raum mit blubbernder Wärme erfüllte. Über dem Ofen hing ein Gestell mit Kinderwäsche. Der Boden war mit einem großen Teppich bedeckt, und die Besucher hatten alle ihre Schuhe am Eingang ausgezogen. Um den Teppich herum saßen auf Sofas und Sesseln viele bekannte und einige unbekannte Menschen.

Leila wurde herumgereicht, manche sahen sie zum ersten Mal und bewunderten sie immer wieder.

„Helwe!“ - Schön ist sie, die kleine Leila.

Hamed versteckte Schuhe, jemand bemerkte es und alle lachten darüber.

Die Großmutter sagte: „Baschira wird euch ein Gedicht aufsage, das sie im Kindergarten gelernt hat.

Baschiras Gesicht erstarrte vor Schreck.

„Ma biddi. - Ich will nicht.“, stieß sie heiser hervor.

Die Oma ergriff sie fest am Arm und blickte sie streng an: „Das ist eine Schande vor den Leuten! Ich sperre dich ins Schlafzimmer ein. Und komm nicht wieder heraus! Nein, trage doch lieber dein Gedicht vor!“

Baschira, erschreckt, schüttelte heftig den Kopf.

Die Großmutter versuchte es mit eine anderen Taktik. Sie erzählte: „Baschira ist sehr gut im Kindergarten. Die Lehrerin lobt sie, sie ist sehr brav. Nur spricht sie leider kein Wort. Sie kann ihre Gedichte und Verse sehr gut, aber ihr Mund ist verschlossen. Komm, sei ein liebes Mädchen und erzähle uns, was du gelernt hast."

Das Kind stand da, und zwanzig Augenpaare richteten sich auf sie, die Grußmutter hielt sie fest am Arm.

Hamed, der kleine Unfugmacher, lag unter dem Couchtisch und spielte mit Leilas Lätzchen. Die Mutter klapperte in der Küche mit Tellern und Tassen, sie kochte Kaffee für ihren Besuch.Sie hätte ihr auch nicht geholfen, wenn sie da gewesen wäre. Das Baby, zufrieden vor sich hin lallend, saß auf dem Schoß eines Mädchens.

„Sprich, Baschira, sprich!", ertönte die Stimme der Großmutter, steigerte sich in Baschiras Ohren zu einer Bedrohung, Panik wuchs in ihren Augen, Hilflosigkeit, Wut, Starre. Vielleicht dauerte es nur wenige Minuten, aber es erschien ihr wie eine Ewigkeit.

„Ich weiß auch nicht, warum sie so etwas macht. Sonst ist sie so lieb und ein gescheites Mädchen, aber wenn Besuch kommt, spricht sie nie."

Die Großmutter ließ ihren Arm los, die Mutter kam mit Kaffee herein.

Langsam, ganz langsam veränderte sich der Raum, war nicht mehr ein bedrückendes Gefängnis, sondern einfach ein Wohnzimmer, wo viele Menschen sich unterhielten, zwanglos plauderten.

Baschira lief unauffällig weg, zwickte das Baby im Vorbeigehen ins Bein, erreichte das andere Ende des Zimmers.

Sie hatte es wieder einmal geschafft.

König der Höfe

Randur wurde in einem arabischen Haus geboren, einem uralten Bau, der aus dicken Steinen um einen Innenhof herum gebaut war. Wenn man durch das Tor trat, blickte man auf einen achteckigen Brunnen mit Ornamenten aus hellen und dunklen Steinen und auf den Hof, der mit verschiedenfarbigen Steinen gepflastert war, von Wein überwachsen, von Bäumen und Büschen gesäumt.

An allen Seiten des Hofes führten Türen zu den einzelnen Zimmern und über eine Treppe konnte man zum oberen Stockwerk emporsteigen. Neben der Küche lagen zwei Wohnzimmer, die von der Familie häufig benutzt wurden. Als Randurs Mutter spürte, dass die Geburt nahte, suchte sie sich ein kleines, entlegenes Zimmer aus, dessen Tür offen stand. Sie fand ein Bett mit einem weichen Kissen und Decken, gerade richtig, um fünf kleine, blinde Katzenjunge zu werfen.

Das Zimmer gehörte Schadi, dem jüngsten Sohn des Hauses. Als er von der Schule nach Hause kam, gegessen hatte und einen Mittagsschlaf machen wollte, fand er sein Bett besetzt. Ärgerlich und aufgeregt rannte er zu seiner Mutter.

„*Ja, immi*!", schrie er, „Komm schnell und schau, was hier los ist. Was mache ich mit so vielen Katzen in meinem Bett?"

„Ssssh!", machte die Mutter. „Sieh doch, sie sind gerade erst geboren worden! Du kannst sie nicht aus dem Bett werfen. *Haram.* Katzen sind auch Lebewesen. Man muss ihnen eine Chance geben."

„Und wo soll ich schlafen? Hier ist kein Platz für mich."

„Lass sie dein Zimmer für einige Tage bewohnen. Ich mache dir eine Matratze im Zimmer deines Bruders zurecht, da kannst du schlafen."

Schadi war erstaunt. Die Katze war einfach gekommen und hatte sich frech in sein Bett gesetzt. Warum war seine Mutter so nachgiebig?

„Die Katze ist auch eine Mutter, so wie ich. Was hätte sie denn tun sollen?"

Jeden Tag sah Schadi nach den kleinen Kätzchen. Die verklebten Augen und das struppige Fell verschwanden, die Kleinen wurden drollig und balgten sich um Baumwollbällchen, die sie aus der Kissenfüllung gezerrt hatten.

Eines Tages, etwa eine Woche später, kam Schadi aus der Schule und sah gerade noch, wie die Katzenmutter über die Mauer sprang, den Nacken eines Jungen im Maul, und verschwand. Enttäuscht lief er zu seiner Mutter und sie lächelte: „Siehst du, so sind sie, die Katzen. Sie bleiben nie länger als nötig bei uns."

Die Katzenmutter und ihre Jungen führten ein freies und gefährliches Leben. Randur und seine Geschwister blieben zuerst in einer Ecke eines Parks verborgen, um dann langsam Streifzüge über die Dächer und durch die Höfe von Damaskus zu machen.

Manchmal stellten freundliche Menschen Essensreste für sie auf, manchmal suchte die Mutter in den Abfalltüten, beim Metzger oder bei Restaurants nach Nahrung.

Es gab viele, viele Katzen in den Straßen von Damaskus. Rötliche mit langen Haaren und großen, runden Gesichtern, getigerte und weiße, die trotz Körperpflege immer staubig aussahen. Randur hatte eine leicht getigerte Zeichnung, weiße Pfoten und ein weißes Lätzchen auf der Brust. Er lernte, auf Mauern zu balancieren, zu springen, auf Balkone zu klettern. Oft wurde er verjagt, manchmal auch angesprochen und gestreichelt.

Ein Junge, der mit einem Schulranzen auf dem Rücken die Straße entlang ging, streichelte ihn und gab ihm den Rest seines Pausenbrots, gefüllt mit weißem Käse. Dann nahm er ihn auf den Arm und schlenderte durch die Straßen, weit weg von der Gegend, die Randur bisher kannte. Vor seinem Haus setzte der Junge ihn ab, und seine Mutter hatte die Katze schon entdeckt.

„Geh sofort Hände waschen!", rief sie. „Jedes Mal, wenn du eine Katze anfasst, musst du dir die Hände mit Seife waschen! Die Katze leckt ihr Fell mit ihrer Zunge ab."

Der Junge verschwand im Haus und für Randur begann eine schwierige Zeit. Er hätte die Führung seiner Mutter noch gebraucht. Nun musste er sich allein durchschlagen und alles anwenden, was er gelernt hatte.

In der neuen Gegend gab es kleinere Häuser, die wie Reihenhäuser aneinander grenzten, hinten lagen Höfe, von hohen Mauern umgeben.

Einige Tage später, an einem Freitagmorgen, war schönes, sonniges Wetter und in allen Höfen klapperten Teller und Löffel, rauschten Spirituskocher, liefen Kinder hin und her, rauften sich oder halfen dabei, das Frühstück vorzubereiten. Überall roch es noch Essen und auf den Mauern stolzierten die Katzen umher und warteten auf eine Gelegenheit, etwas zu stibitzen.

Randur versuchte, sich gegen andere Katzen zu behaupten, drückte sich in den Ecken herum und fing nach einer Weile an, jämmerlich zu miauen, mit seiner piepsigen Katzenkinderstimme.

Zwei Mädchen stellten ihm eine Schüssel Milch auf die Mauer. „Wo ist denn seine Mutter?", diskutierten sie.

Die Eltern hatten nichts dagegen, dass die Kinder ihm Essensreste und Milch auf die Mauer stellten. Die Familie hatte den Frühstückstisch im Hof gedeckt, um in der Frühlingssonne Besuch zu bewirten. Randur saß satt und zufrieden oben und sah den Menschen zu. Er hatte Glück gehabt, hatte eine Familie gefunden, die ihm half.

So wuchs er heran, wurde größer und stärker, ein richtiger, erwachsener Kater. Er entdeckte und erlernte viele Möglichkeiten, sich Nahrung zu beschaffen. Er wurde unabhängig. Als das nächste Frühjahr kam, konnte man ihn nachts mit den anderen draußen schreien hören, auf Mauern und Dächern kämpfen, Kätzinnen umwerben. Ab und zu besuchte er Menschen, die ihm sympathisch erschienen, ab und zu stibitzte er ein Stück Fleisch oder leckte ein Schälchen Milchreispudding auf, das am Fenster zum Abkühlen stand.

Er war schon einige Jahre alt, als er eines Tages im Frühjahr zwischen den Gärten spazieren ging. Es war sonnig und er suchte einen ruhigen, sicheren Platz, um sich auszustrecken und sich den Pelz wärmen zu lassen. Eine große Terrasse mit Pflanzen in Kästen und Kübeln erschien ihm verlockend. Vorsichtig sprang er über die Mauer, erkundete das Gebiet. Alles war ruhig, auch keine andere Katze war in der Nähe. Er wälzte sich auf dem Boden, jagte einer Fliege nach und legte sich dann gemütlich zur Ruhe hin.

Eine Frau kam mit einem Wäschekorb aus dem Haus. Sie sprach den Kater mit freundlicher Stimme an. Randur ließ sich kraulen und blieb liegen.

„*Ja, Allah, schu helu!*", rief die Frau, „Kommt und schaut mal, was für ein hübscher Kater uns besucht hat."

Drei Buben kamen angerannt, freuten sich und spielten mit Randur. Dieser hatte Erfahrung. Er spürte genau, von welchen Menschen Gefahr drohte und welche freundlich waren und es gut mit ihm meinten. Er spielte den ganzen Nachmittag mit den Buben, rannte hinter dem Ball her, den sie warfen, ließ sich kraulen und herumtragen.

Am Abend wurden die Kinder zum Essen gerufen. Es roch gut und Randur wollte mit in die Küche gehen, doch da schimpfte die Frau und zweigte ihm die Terrassentür. „Hier darfst du nicht hereinkommen." Sie brachte ihm ein Schüsselchen mit Reis und Fleisch und stellte es draußen für ihn auf.

So ging es nun jeden Tag. Randur kam am Nachmittag zu Besuch, respektierte die Hausregeln, wurde dafür ausgiebig gelobt und bekam gegen Abend einen Teller mit warmem, nahrhaftem Essen. Das war ein Leben, wie er es liebte. Er hatte genügend Freiheit, er konnte weite Streifzüge unternehmen, manchmal blieb er auch tagelang weg. Wenn er aber dann so richtig hungrig und müde war, wurde er von der ganzen Familie freudig begrüßt, konnte sich satt essen und ausruhen, mit den Kindern herumtollen, wurde gestreichelt und geneckt.

Die Hausfrau hatte ein besonders gutes Verhältnis zu ihm. Saß sie draußen auf der Veranda und putzte grüne Bohnen für das Essen, kam Randur und sah sie fragend an. Dann sagte sie meistens: „Ja, komm!" und er sprang auf ihren Schoß. Tat sie das aber nicht, vielleicht weil sie müde war oder es eilig hatte, verzog er sich beleidigt in eine Ecke.

Das Leben von Randur verlief so für viele Jahre ruhig und gleichmäßig. Er wurde langsam ein alter Herr. Schon hatte er manchmal Schwierigkeiten, von Mauer zu Mauer zu springen, sein Fell wurde heller und matter, und im Frühjahr vermied er die Kämpfe mit jüngeren Katern, da er sonst verwundet aus ihnen hervorgegangen wäre.

Die Familie betrachtete ihn als ihren Kater, obwohl er auch sein Eigenleben führte. Er hatte einen Ankerplatz, aber er betrat nie das Haus.

Eines Tages, die Kinder waren schon fast erwachsen, warteten sie vergeblich auf Randur. Auch in den folgenden Tagen ließ er sich nicht blicken. Traurig suchte die Familie nach ihm, aber vergeblich.

War er beim Kämpfen verletzt worden? Von einem Auto angefahren? Oder war er nur einfach alt und schwach geworden und hatte sich zum Sterben zurückgezogen? Sie konnten es nie herausfinden, denn Randur beendete sein Leben allein, so wie er allein gekommen war und sich entschlossen hatte zu bleiben.

Das Mulid

Wir hatten eine normale Hochzeit erwartet: festlich gekleidete Frauen unter sich, kostbare Kleider mit Gold- und Silberpailletten, Spitze, Seide, hell gepuderte Gesichter, farbiger Lidschatten, kunstvolle Frisuren, Musik von Kassetten, einzelne Frauen beim orientalischen Tanz, Gespräche zwischen den Frauen der beiden Familien, kennen lernen.

Genau so fing es auch an. Die Braut trug ein rosa Kleid mit Spitzen, Perlen und Pailletten, mit einem großen, hochstehenden Kragen und langem Reifrock. Ihr schwarzes Haar war hochgesteckt, einzelne Locken fielen malerisch herab, auf einer Seite der Frisur waren rosa Blüten festgesteckt. Sie sah märchenhaft schön aus.

Die Gäste waren ganz unterschiedlich gekleidet. Einige trugen kostbare Festkleider, einige waren eher sportlich angezogen, es waren junge Mädchen oder entfernte Verwandte. Eine Gruppe älterer Frauen trug lange weiße Gewänder und spitzenbesetzte weiße Tücher hingen lose über ihren Köpfen. Da kein Mann anwesend war, wunderte ich mich zuerst über die Kopftücher, doch mir fiel ein, dass auch zu Hochzeiten manchmal ein Mulid gesungen wird, d. h. religiöse Lieder zum Klang der Trommel.

Zu beiden Seiten der Braut saßen Sängerinnen und begannen nun zu singen und auf zwei Trommeln zu schlagen. Zuerst erhob sich die jüngste Schwester der Braut zum orientalischen Tanz, dann, immer einzeln, die Mädchen und jüngeren Frauen, und die Mütter von Braut und Bräutigam. Jede Frau entwickelte ihre eigene Tanzart, ihre persönliche Ausstrahlung, und stellte sich so der anderen Familie vor. Die beiden Mütter tanzten gemeinsam, aufeinander zu, aneinander vorbei, aufeinander abgestimmt, als ob sie die Harmonie der beiden Familien darstellen wollten, die nun zu einer verschmolzen.

Die Braut erhob sich, ihre Bewegungen waren durch den Reifrock puppenhaft, ihre Tanzart zugleich würdevoll und neckisch, sie bemühte sich, jede einzelne ihrer Gäste anzusehen, mit den Augen und mit Handbewegungen zu grüßen, sie warf mir sogar eine Kusshand zu!

Nun ging eine Bewegung durch die Menge der Frauen, das Geplauder verstummte und während die Mutter des Bräutigams ein getragenes religiöses Lied sang, kramte jede in ihrer Handtasche, einige gingen zu ihren Mänteln ins Nebenzimmer, und nach und nach waren die schönen Frisuren, die tiefen Ausschnitte der Kleider mit Tüchern bedeckt.

Eine der weiß gekleideten Frauen, klein und korpulent, erhob sich und schritt bedächtig zur Mitte. Sie bewegte sich bedeutungsvoll im Kreis, stand still und blickte nach oben, um Konzentration zu sammeln. Wieder und wieder umschritt sie eine kreisförmige Fläche, wechselte immer wieder die Schrittart, die Armbewegungen, streckte einen Arm nach oben aus, beugte sich vor und fing an, sich zu drehen.

Ich begann zu ahnen, was hier geschah. Dieser Tanz führte zu einer religiösen Ekstase. Ich beobachtete die ständig wechselnden Bewegungen, lauschte den rhythmischen Gesängen, den gemurmelten Worten der Frauen im Raum, spürte die wachsende Erregung der Tänzerinnen.

Rituelle Lieder wechselten mit Gebeten, eine Tänzerin folgte der anderen. Am Ende jedes Tanzes hockte die Frau am Boden, zusammengekauert, und presste und rieb ihre Hände an den Körper, als ob alle Energie der Bewegung in die Hände fließen würde. Dann begann sie, diese Energie an andere Frauen weiterzugeben, berührte jede auf dem Kopf, im Gesicht und an den Händen. Sie begann, Salz um sich zu streuen und damit Segen an die anderen auszuteilen. Die Gesichter waren bewegt, einigen flossen Tränen aus den Augen. Dieses Geschehen dauerte etwa zwei Stunden.

Zwischen den Tänzen standen wir auf, die Hände erhoben, die Handflächen nach oben, im Gebet versammelt. Manchmal tanzten zwei Frauen gleichzeitig, aufeinander zu, voneinander weg, umeinander herum, magisch, ekstatisch.

Ich fragte mich, wie alt die Tänze wohl sein mochten. Die Zeit verging, unbemerkt, unbeachtet.

Mitten im Tanz zweier Frauen, zu Trommelschlag und Gesang, fiel der Strom aus und die Deckenbeleuchtung erlosch. Niemand nahm irgendeine Notiz davon. Diese alten Rituale hatten überhaupt nichts zu tun mit Zeit, mit Strom, mit Kassettenrekordern, mit Lichtquellen. Das Geschehen hatte seine eigene Zeit, seine Stimme, seine Bewegung, seine Energie.

Es war schon etwas dämmrig, die Konturen waren weicher geworden, ohne das künstliche Licht, die Bewegungen flossen ineinander über. Langsam, langsam kehrte Ruhe ein, Ruhe und Sammlung. Die Mutter des Bräutigams sang wieder ein getragenes Lied, es wurde gebetet, die Töchter des Hauses verschwanden in der Küche und kamen wenig später mit Tabletts herein. Sie begannen, Tee, Kuchen und Normalität auszuteilen.

Kinder wurden gefüttert, gestillt. Gespräche entspannen sich, führten hinweg aus der Vergeistigung, zurück in den Alltag.

„Wie heißt deine Tochter?" - „Wie alt ist sie?" - „Mein Onkel war schon mal in Deutschland." - „Wie groß ist eure Wohnung?"

Ramadan im Scha´ar

Das Restaurant Scha´ar liegt am Fluss Barada, der aus dem Antilibanongebirge kommt und die Oase Damaskus mit Wasser versorgt. Das Tal ist dort schmal, gerade ausreichend, um eine Straße, einige Läden, Restaurants, Bäume und Sträucher zu beherbergen. An den Rändern ragen steil die kahlen Felsen auf, ohne Vegetation.

Der Eingang zum Scha´ar ist eine Brücke. Im Sommer kann man direkt neben und über dem Fluss sitzen. Jetzt im Vorfrühling war es dafür noch zu kühl. Der Ramadan war in diesem Jahr im April. Jedes Jahr verschiebt sich der Mondkalender gegenüber unserem Kalender um 11 Tage, so dass der Ramadan durch das ganze Jahr wandert.

Wir waren mit einer anderen Familie gekommen, die uns eingeladen hatte, im Scha´ar unser *uftur* – die Mahlzeit zum Fastenbrechen – einzunehmen. Ich hatte mir schon vorher darüber Gedanken gemacht, wie es wohl möglich sein könnte, an etwa 50 Tischen das Essen genau zur gleichen Zeit heiß zu servieren, obwohl die Köche und die Kellner ja auch fasteten und auch ihr *uftur* einnehmen wollten!

Natürlich ging das nur mit Vorbestellung. Dennoch war es ein Erlebnis, dieses Meisterwerk an Organisation und Disziplin zu sehen. Wir kamen also in den warmen Raum, nahmen unsere Plätze ein. An anderen Tischen saßen plaudernd Familien, alle an Tischen, auf denen nur Geschirr und Besteck zu sehen war. Der Duft von Fleischgerichten hing in der Luft, die Kellner mit ihren grünen Westen waren damit beschäftigt, Wasserkaraffen, Salatplatten, Brotteller und Schüsseln mit *Hummus* (Kichererbsenpüree) und *Tabbule* (Petersilien-Weizen-Salat) bereitzustellen.

Wir unterhielten uns über das Lokal, dessen Besitzer mein Gastgeber gut kannte. Sein Sohn Rias fragte: „Warum heißt es eigentlich *Scha´ar*?" Diese Frage hatte ich mir auch schon gestellt. Das Wort bedeutet Dichter.

Abu Rias erklärte: „*Scha´ar* ist ein alter Beruf. Man nannte die Männer so, die bei Hochzeiten und anderen Gelegenheiten Gedichte vortrugen, die sie meistens selbst verfasst hatten. Dieser Beruf wurde zum Familiennamen, und das Restaurant heißt einfach nach seinem Besitzer."

Trotzdem hatten sich einige Dichter, die hier schon Gäste waren, veranlasst gefühlt, in Versen das Lokal und die angebotenen Speisen zu preisen. Es hingen einige Tafeln mit Gedichten an der Wand. Die Dekoration bestand aus einer Sammlung von bunten Bildern und Plastikpflanzen, Fotowänden mit einer Alpenlandschaft, einer Villa am Mittelmeer, vermutlich in Italien, außerdem Kätzchen mit Wollknäueln, einem Jigsawpuzzle und vielen anderen Motiven und Gegenständen. Der Eingang war rot gestrichen, am Fluss gab es eine Fontäne aus dicken Eisenrohren. Die Gestaltung des Lokals war so bunt, so gegensätzlich, dass sie schon wieder eine eigene Art von Harmonie erzeugte.

Noch 15 Minuten bis zur Essenszeit.

Draußen ertönte schon aus allen Lautsprechern Koranlesung. Die Kellner begannen, alle kalten Speisen und das Wasser auf den Tischen zu verteilen. Der fünfjährige Hischam begann zu quengeln, als er die leckeren Speisen sah, aber seine Brüder, elf und dreizehn Jahre alt, lachten darüber. Sie waren längst über diese Entwicklungsstufe hinaus. Keiner hatte an diesem Tag irgendetwas gegessen oder getrunken. Es war 17 Uhr 30 und die Dämmerung begann sich langsam auf die Stadt zu senken.

Nur Hischam war noch zu jung zum Fasten, er hatte mittags etwas gegessen. Auch jetzt meinten die Eltern: „Wie du willst. Du kannst natürlich schon mal, wie die kleinen Kinder, anfangen zu essen. Aber meinst du nicht, dass es viel schöner ist, wenn du noch fünf Minuten wartest und mit uns und mit allen anderen Menschen im Saal zugleich isst? Dann gehörst du auch zu den Großen."

Der Junge überlegte sich das. Er betrachtete die Speisen, er sah sich im Raum um.

Noch wenige Minuten bis zur Essenszeit.

Die Kellner teilten Schüsseln aus mit Suppe aus roten Linsen und Reis, fein passiert. Hischam roch die Suppe und entschied sich. Er wollte lieber mit den anderen zusammen zuerst Suppe essen, bevor er die anderen Speisen kostete. Als Letztes wurden die Fleischspeisen auf alle Tische verteilt. Kaum standen die letzten Schüsseln am Platz, war die Koranlesung beendet.

Es war Essenszeit.

Wir ließen noch eine Anstandsminute verstreichen, teilten langsam die Suppe aus. Auch die Kellner und das Küchenpersonal konnten sich zum Essen setzen. Minutenlang war es absolut still im Saal, nur das Klappern von Löffeln war zu hören.

Alle Menschen in dieser Millionenstadt aßen genau in diesen Minuten die erste Mahlzeit des Tages.

Ein typischer Freitag

An einem typischen Freitag – das ist der islamische arbeitsfreie Tag in der Woche – trifft sich die Großfamilie oft zum Frühstück. Bis es aber so weit ist, das ist ein langer Weg mit vielen Tätigkeiten, Hindernissen und Problemen. Die Großfamilie ist zwar ein großes Ganzes, das keiner missen möchte, darin haben aber viele ganz unterschiedliche Menschen Platz.

An diesem Freitag also stand ich, weil es ein heißer Sommer war, recht früh auf, so gehen sieben. Schon hörte ich ein gleichmäßiges Zischen vom Nebenhaus her, wo mein Schwager mit seiner Frau und sieben Kindern wohnte. Aha, der Drucktopf! Noch wußte ich nicht, was er mir ankündigte: Kichererbsen oder Favabohnen, *Hummus* oder *Fuhl*.

Die Schwägerin war also schon ganz früh aufgestanden und hatte die Hülsenfrüchte aufgesetzt, und sich vermutlich, dank ihrer großen Routine und Erfahrung, noch einmal hingelegt.

Das Freitagsfrühstück wurde in Damaskus, in unserer Famiie jedenfalls, auch oft von den Männern zubereitet. Die Frauen beschränkten sich dann auf das Spülen.

Gemütlich machten wir uns fertig, bis ein Kind mit der Aufforderung erschien: „Die Großeltern sind schon da, kommt mal rüber."

Ich hatte längst ein „Ohnmachtshäppchen" gegessen und einen Kaffee getrunken, denn ich wusste: Es kann noch Stunden dauern. Wir gingen rüber, gerade wurden die Gummischieber weggeräumt, der Steinboden war frisch gespült worden, von den größeren Mädchen oder Jungen.

Ich erinnere mich, dass ich einmal am Anfang, als ich neu in

Syrien war, zu meinem Mann sagte: „Ich glaube, Eiman kann das noch nicht richtig. Er schiebt immer das Wasser in die Ecken rein."

Die Antwort war: „Ich glaube, du kannst das nicht richtig. Wie, denkst du, kommt der Dreck aus den Ecken raus?" Das musste ich einsehen.

Wir begrüßten uns alle herzlich mit Umarmung und drei Küsschen. Die erste Attraktion boten Opas Beinbinden. Der Großvater, Schmied von Beruf, hat in seinem Leben schon viel stehen müssen. Jeden Morgen wurden seine Beine mit frischen elastischen Binden versorgt. Werktags teilten sich der älteste Sohn und eine Tochter, die in seiner Nähe wohnt, die Aufgabe. Freitags aber wurde ein Volksfest daraus, mitten im Familienzimmer. Die kleineren Kinder wetteiferten beim Aufrollen der Binden, brachten frische Socken, Pantoffeln, ein Glas Wasser oder was sonst benötigt wurde.

Später bekamen alle von Opa dann ein Taschengeld, unabhängig vom Helfen. Eine Lira. Das ist wenig Geld, aber draußen auf der Straße konnte man dafür einen Lutscher, einen Kaugummi oder ein Stück Schokolade bekommen.

Abu Eiman werkelte am Frühstück. Es gab *Tisse-ije*. Mmmh! Die Kichererbsen wurden zu Brei zerstampft. Dazu gab man Salz, Zitronensaft und *Tahine* (Sesampaste). In eine riesige Schüssel, oder auch zwei, wurde trockenes Fladenbrot, das irgendwann mal übrigblieb und dann – richtig getrocknet – lange haltbar ist, in mundgerechte Stücke zerbröckelt. Dazu haben sich größere Kinder und die Oma eingefunden. Andere schnitten Zwiebeln und saure Gurken und verteilten diese auf Tellerchen.

Der Chefkoch trat nun in Aktion. Die Mengen für Salz, Gewürze, Zitrone, Kichererbsenbrühe und Hummusbrei blieben sein persönliches Geheimnis. *Tisse-ije* schmeckte überall anders. Da konnte heiß diskutiert werden, ob die von Abu Ahmed die beste war – nein, sie ist zu flüssig, oder die von Abu Eiman – nein, zu viel Brot, oder die von Tante Malake – ach Gott, nein, die hat zu viel Salz. Oder …

Sollten sie nur wetteifern, wir hatten viele Sonntage Zeit.

Grundsätzlich wurden die Zutaten geschichtet: Brot mit Brühe und ganzen Kichererbsen, dann die Paste, und das Ganze wiederholen, bis die Schüssel voll ist. Die Letzte Schicht musste *Hummus* sein. Dann wurden die Esser gerufen, bevor die letzte Handlung geschah. Zwei Mädchen waren noch beim Frisieren, zwei Buben draußen, jemand auf der Toilette ….

Endlich waren alle da.

Mit einem Löffel stach Abu Eiman mehrmals in jede Schüssel hinein, Butterfett wurde in der Pfanne erhitzt, darin Pinienkerne gebräunt und zisch!!!!!!!

Die brutzelnde, zischende Schüssel wurde aufgetragen und das Frühstück begann. Es ist etwa elf Uhr, wir liegen gut in der Zeit.

Mein Mann behauptete, dass *Tisse-ije* eine Art Zement sei. Es fühlte sich jedenfalls so an. Der Anfänger sollte vorsichtig sein und beim allerersten Anzeichen von Sättigung aufhören zu essen. Danach gab es noch süßen Tee, und vor dem Abend brauchte keiner wieder ans Essen zu denken.

Bei einigen von uns breitete sich schon Müdigkeit aus. Es ist ja Wochenende! Ein bisschen hinlegen und man war wieder frisch. Gegen zwei oder drei begannen wir zu überlegen: Was machen wir heute noch? Einen Ausflug ins Rhouta oder an die Straße nach Beirut? Besuchen wir vielleicht Verwandte? Fahren wir nach Bloudan oder Sednaja?

Damals gab es ja noch ganz wenige Telefonanschlüsse in

Syrien. Wenn ein Besuch geplant wurde, konnte er auch vor verschlossener Tür enden. Aber man hatte es probiert, und eine Autofahrt war ja auch schon etwas Schönes.

An diesem Tag fuhren wir einfach ein Stück den Berg hinauf bis zu einer Aussichtsstelle. Ein größerer Parkplatz also, von dem aus man einen weiten Blick über die ganze Stadt hatte. Da gab es Schaukeln für die Kleinen und Eisstände. Da waren Bänke. Und meine Schwiegermutter hatte im Handumdrehen eine Frau zum Erzählen gefunden.

„Und mein Sohn ist beim Wetterdienst. Er hat fünf Kinder. Sehen Sie da drüben? Das ist mein Enkel."

Hier einige alte Familienfotos:

Das bin ich beim Einkaufen von Fleischspießen.

Im Innenhof des Museums Azem Palace.

Vor einem Schmuckgeschäft

Vor unserer Haustür sind die Kinder beim Fahrradfahren.

Ein Ausflug mit den Kindern und einer Schwägerin.

Unten: Im Jahez-Park

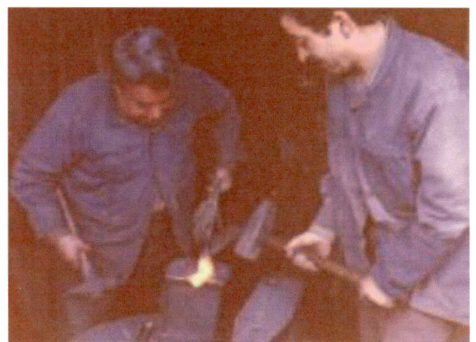

Mein Schwiegervater und mein Schwager in der Schmiede.

Mein Neffe möchte sich auch im Schmieden versuchen.

Händler an der Straße

Stadtansichten